I0845776

Andreia Magina
Enfermeira d'Alma

# Mais LEVEZA, Menos DOR

Como libertar o sofrimento emocional
para viver com mais amor e harmonia

**Mais LEVEZA, Menos DOR**
Como libertar o sofrimento emocional para viver com mais amor e harmonia

**Autora:** Andreia Magina

**Mentoria de autor:** César Ferreira
**Revisão:** Luís Guimarães
***Design* gráfico da capa:** Sílvia Baião Ferreira
**Foto da autora na contracapa:** Estúdio Almeida (Ovar)
**Ilustrações:** Canva Pro (Sketchify); Canva Pro (Sea Sun Design); Pixabay (ArtsyBee); Pixabay (GDJ)

1.ª edição: março de 2024
ISBN: 9798884841406



**Aviso ao leitor**
As ideias, procedimentos e sugestões contidos neste livro não têm a intenção de substituir a consulta com o seu médico. Todas as questões relativas à sua saúde requerem supervisão médica. A utilização de terapias complementares só deve ser utilizada com aval de técnicos especializados conjuntamente com a medicina convencional.
Qualquer aplicação da informação ou sugestão contida neste livro é da inteira responsabilidade do leitor.
A autora não é responsável por qualquer perda ou dano, supostamente, decorrente de qualquer informação ou sugestão disponível neste livro.

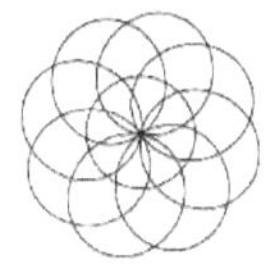

# DEDICATÓRIA

A todas as pessoas que anseiam por leveza nas suas vidas libertando-se do sofrimento emocional, através da compreensão do fenómeno da dor, para receber e dar amor com alegria.

# ÍNDICE

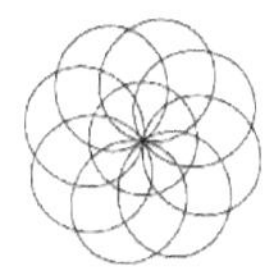

# PREFÁCIO

É com imenso prazer e gratidão que me dirijo a si neste prefácio, convidando-o a embarcar numa jornada transformadora através das páginas deste livro singular *Mais LEVEZA, Menos DOR*.

Desde as primeiras palavras escritas nesta obra, somos guiados pela autora numa viagem profunda ao universo complexo da dor, um quebra-cabeça intricado que muitas vezes nos deixa perplexos. A abordagem ousada de desconstruir esse puzzle da dor e, em seguida, reconstruí-lo com leveza e harmonia, revela-se uma proposta poderosa e inspiradora e, acredito eu, ao alcance da maioria de nós.

A compreensão da dor, seja ela física ou emocional, é um dos grandes desafios que a ciência enfrenta até hoje. Este livro, fundamentado na experiência única da autora como enfermeira e especialista em saúde mental ao longo de mais de duas décadas, oferece um olhar multidimensional e integrativo sobre a dor.

Aqui, neste livro, tem também acesso ao método LEVITUS, desenvolvido pela autora após anos de pesquisa e experiências pessoais, apresentando-se como uma luz guia para aqueles que buscam não apenas compreender a dor, mas também transformá-la. Com uma coragem impressionante e demonstrando o quanto é uma alma dedicada a aliviar o sofrimento dos outros, Andreia Eunice Pinto Magina partilha não apenas conhecimentos adquiridos na sua carreira profissional, mas também vivências pessoais de uma luta constante contra a dor crónica causada por uma doença autoimune.

Ao longo destas páginas, somos convidados a refletir sobre a nossa própria relação com a dor, a mergulhar nas emoções que ela desperta e a descobrir ferramentas práticas para enfrentá-la. Assim, este livro não é apenas um guia; é um companheiro na jornada de transformação e libertação do sofrimento emocional.

Ao abordar a dor com uma perspetiva multidimensional, a autora destaca a conexão entre a dor física e emocional, desafiando-nos a repensar as nossas perceções. Este livro é um convite à consciência, à aceitação e à transformação, proporcionando uma visão única e valiosa sobre o fenómeno da dor.

Na sua leitura, convido-o a mergulhar de coração aberto, a permitir que as palavras toquem a sua alma e a acolher as práticas propostas com curiosidade e recetividade. Este é um impulso para a autodescoberta, um convite para transformar a dor em amor.

Que este livro, dotado de uma escrita genuína e cativante, seja uma fonte de clareza, alívio e inspiração, encaminhando-o na sua jornada de libertação do sofrimento emocional. Agradeço-lhe por se juntar a esta viagem, e que a leitura destas páginas lhe traga não apenas conhecimento, mas também paz e renovação.

A ti, querida Andreia, os meus parabéns por uma obra notável e repleta de bondade.

*César Ferreira*

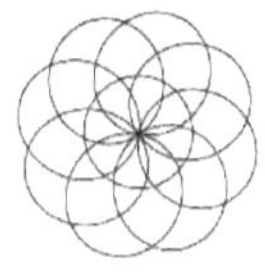

# DE ALMA PARA ALMA

*Convido-te, através da leitura deste livro, à desconstrução do* puzzle *da dor e a reconstruí-lo com mais leveza e harmonia.*

A compreensão do fenómeno da dor é, até aos dias de hoje, um dos maiores desafios para a ciência, sendo por isso uma das áreas atuais de estudo dos profissionais da saúde.

Muitas vezes não sabemos a causa da dor, entrando-se numa espiral de sofrimento emocional que parece não ter fim.

Uma melhor compreensão da dor pode ajudar a libertar o sofrimento emocional causado por esta e a encontrar soluções adaptadas a cada pessoa no processo de superação e de resgate da alegria de viver.

Não há receitas milagrosas para superar a dor, especialmente a emocional. Mas uma coisa eu sei: tu tens o poder de decidir o que vais fazer com as tuas dores e de assumir o compromisso de te libertares do sofrimento causado por elas.

Se queres aprender a gerir melhor as tuas dores, ou ajudar outras pessoas nesse processo, este livro é para ti.

Só conhecendo e fortalecendo a tua estrutura interna

irás conseguir libertar o sofrimento causado pela dor, e, aí sim, será possível cuidares de ti e do outro com mais qualidade.

Levei anos, para encontrar uma forma de projetar um método para lidar com a dor. Um processo que testei comigo mesma e que me permite ter uma vida mais leve e sem tanto sofrimento, apesar da dor crónica presente na minha vida, devido a uma doença autoimune que me causa dores articulares diariamente.

Resultado da integração de vários conhecimentos adquiridos ao longo da minha carreira profissional como enfermeira, e de todas as situações dolorosas que já vivenciei quer a nível pessoal quer profissional, surgiu o método que designei por LEVITUS, *Leveza, Expansão, Vitalidade, Intuição, Transformação, União e Superação,* com o objetivo de promover uma vivência consciente do fenómeno da dor, numa visão sistémica, multidimensional e integrativa, por forma a superar o sofrimento emocional.

A dor física e a dor emocional estão intimamente ligadas, por vezes fundindo-se de tal forma que é difícil compreender a sua génese.

Este livro é para todos os que estão cansados de viver no sofrimento causado pela dor e para ajudar a dar os primeiros passos no caminho da libertação do sofrimento emocional.

Assim, decidi colocar a minha voz no mundo através deste livro, com a missão de levar uma mensagem de esperança e leveza às pessoas que têm processos de dor crónica, que estão a passar por situações de dor emocional ou que querem ajudar outras pessoas em processos de dor.

A minha missão neste livro é, acima de tudo, partilhar a visão e a experiência em relação ao fenómeno da dor, numa perspetiva multidimensional e integrativa, numa visão pessoal, mas também profissional, sustentada pela experiência de mais de 26 anos como enfermeira e de 13 como especialista na área da saúde mental. Da mesma forma, pretendo promover a consciencialização sobre as várias possibilidades de perceção sobre a dor, em que cada um encontrará o seu significado pessoal, percebendo ao mesmo tempo que existem várias estratégias para lidar com a mesma, que muitos teimam em ignorar, por vergonha, cansaço ou porque desistiram de si.

De alma para alma, digo-te que tudo é possível se acreditares, tiveres fé e se te comprometeres com o teu processo de transformação.

Este livro é um guia para te ajudar a trazer consciência e clareza no teu processo de dor ou daqueles que cuidas.

Na realidade, são os primeiros passos de uma jornada de transformação e de libertação do sofrimento emocional, para poderes ter mais leveza na tua vida e compreenderes que é possível transformar a dor em amor.

### Especialmente para ti

Só numa relação de verdadeira conexão com o outro é que conseguimos que este nos veja com os olhos do coração e da alma, pelo que assim sinto-me mais próxima de ti e conetada na transmissão da minha mensagem tratando-te por tu, como se estivéssemos numa conversa íntima numa esplanada agradável.

Depois de vários anos ganhei coragem para escrever este livro, pois desde muito nova que escrevo, principalmente poemas. Nunca mais esqueço o primeiro, que foi para a minha querida mãe Isabel, aos 8 anos, e desde então nunca mais parei, mas só aos 46 anos ganhei coragem de escrever para o mundo. Senti que deveria partilhar algo que poderá trazer mais leveza e harmonia às pessoas e fazê-las resgatar o prazer pela vida.

Eu acredito que somos UM e que, ao promover mais leveza e amor na vida do outro, também estou a trazer esse sentir para a minha vida.

Desde sempre escrevi sobre emoções, inspirada por estados de espírito e alguns deles focados na dor e na solidão.

No meu percurso pessoal e profissional como enfermeira tive várias situações que me levaram a refletir sobre o papel da dor na vivência humana.

Como enfermeira questionei muitas vezes porque é que depois de dar medicação, e de aplicar todas as medidas de conforto para aliviar a dor do doente, esta permanecia no seu olhar, e isso também me doía, sentindo-me por vezes impotente perante tanto sofrimento, em que eu mais nada conseguia fazer ou acrescentar para o aliviar.

Impulsionada por esta impotência que por vezes sentia e pela vontade de querer saber mais sobre o tema da dor, para cuidar com mais qualidade, comecei a procurar outras ferramentas para compreender melhor o sofrimento emocional causado pela dor e aprender a lidar com esta, nos diversos contextos.

Assim e, desde muito nova, dei início a uma jornada de formações em terapias integrativas e desenvolvimento pessoal, acreditando que iria encontrar respostas e conhecer novas ferramentas para compreender e lidar melhor com o fenómeno da dor, para cuidar com mais qualidade, ajudar a libertar o sofrimento emocional e resgatar a esperança numa vida com mais qualidade.

Convido-te a leres este livro com os «olhos do coração» e permitires-te sentir cada palavra, cada frase, cada emoção que possa emergir, sem julgamento e sem medo. Mergulha em ti, na tua essência e descobre um mundo novo.

Toma consciência das tuas emoções, clarifica e constrói o teu novo EU, sustentado em crenças potenciadoras, com foco, determinação e fé, e com a vibração do amor e da paz.

Tu és um ser em evolução e daí se falar cada vez mais em nos tornarmos na nossa melhor versão. Portanto, deixo-te o desafio para o fazeres, mas de forma consciente e integrativa, através do poder libertador da dor emocional.

Desejo que, ao leres esta obra, encontres clareza e leveza para que possas compreender e aceitar melhor as tuas dores e as dos outros, resgatando o prazer pela vida sempre que a dor te passar uma rasteira.

Neste livro partilho algumas práticas naturais e ancestrais, nomeadamente exercícios de consciencialização e meditações guiadas, que frequentemente utilizo nas minhas formações e cursos, e que podem ajudar a trazer clareza e a gerir melhor a dor, bem como aliviar o sofrimento emocional causado por esta.

No final de cada capítulo irás deparar-te com emoções e pensamentos a emergirem dentro de ti. Reflete sobre o que isso te faz sentir, não só emocionalmente como também fisicamente, e regista num papel isso mesmo. Assim, convido-te a teres um caderno para te acompanhar na tua leitura e para que não te escape nada daquilo que podem ser as tuas reflexões e *insights*.

O nosso corpo é um templo sagrado e dá-nos muita informação através de alguns sinais, para os quais é preciso estar desperto e consciente.

Esse movimento de escrita e reflexão irá ajudar-te a trazer consciência sobre as dores (das tuas e dos outros), de como as podes compreender melhor e também superar.

Honra os momentos de intimidade com este livro, que te pode levar a sítios e a um nível de compreensão e transformação inimagináveis.

Estás entusiasmado/a? Seguimos juntos? É uma honra poder estar contigo nesta jornada. A partir de agora estarei agradavelmente na tua companhia. Mil bênçãos!

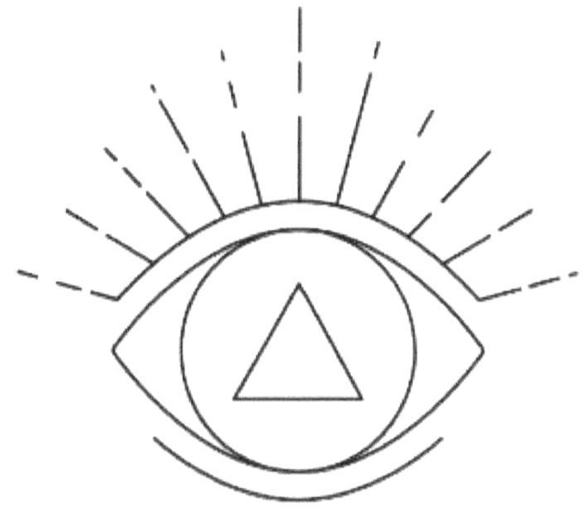

*Capítulo 1*

# OLHAR E SENTIR

*Resistimos à dor enquanto somos capazes
e de repente deixamos de ter força.
Se prestarmos atenção aos sinais da dor,
podemos evitar muito sofrimento
desnecessário nas nossas vidas.
Somos nós que escolhemos.*

*Andreia Magina*

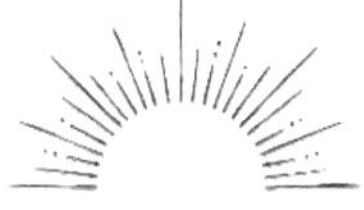

# NÃO GOSTAMOS DE OLHAR PARA A DOR. E AGORA?

O fenómeno da dor continua a ser tabu e até um mistério na vivência humana, especialmente no que diz respeito à dor emocional, também conhecida como dor d'alma.

Como enfermeira especialista em saúde mental e psiquiátrica na comunidade — onde lido com pessoas em diversos contextos, desde a escola com o apoio em gabinete, as formações na comunidade e as consultas de enfermagem de saúde mental ao domicílio — verifico que, apesar de estarmos em pleno século XXI, o estigma persiste em relação ao sofrimento emocional e à doença mental, sendo frequente ouvir dizer que o sofrimento emocional/doença mental «é frescura» ou que isso é para os «fracos».

Silenciar a dor ou não querer olhar para ela leva a que as pessoas, que até estariam numa fase inicial de sofrimento emocional, o perpetuem no tempo, culminando por vezes em doença mental ou em algo mais trágico, fazendo com que as dores não sejam ouvidas, nem vistas, e por isso a pessoa acaba por não ser capaz de pedir ajuda, porque não teve coragem nem força para olhar e aceitar as suas dores.

Falar de uma dor física é mais fácil, bem como localizá--la, já o mesmo não acontece com a dor emocional. Devido à sua profundidade, à sua origem causal desconhecida, à intensidade que a acompanha e pelos patamares profundos de sofrimento e de incerteza angustiante que causa, continua a ser um fenómeno de compreensão desafiante.

Por sua vez, a dor emocional pode ter múltiplas causas, tais como: perdas, acidentes, violência, guerras, doenças graves, divórcios e abusos. Também pode estar associada a desafios da vida quotidiana, como stresse no trabalho, isolamento, solidão, conflitos interpessoais, padrões familiares que se repetem, papel de cuidador informal e problemas financeiros, entre outros.

Segundo alguns autores, a dor emocional pode sentir-se através de diferentes zonas do corpo e, por vezes, em vários locais ao mesmo tempo. No livro *Quem És Tu? Saber Escutar o Corpo e a Alma*, Lise Bourbeau[1] defende a teoria da origem psicossomática de todas as doenças físicas, relacionando-as com as emoções/feridas emocionais que poderão estar na sua génese. Ou seja, muitas vezes o nosso corpo dá sinais sinalizando que algo não está bem a nível emocional. E isto acontece por resistirmos mentalmente a olhar para as nossas emoções dolorosas e a aceitá-las.

---

[1] BOURBEAU, Lise — **Quem és tu? Saber escutar o corpo e a alma**. Pergaminho, 2019. ISBN: 9789896875695.

Continua a ser um mistério a origem das dores emocionais, até porque é multifatorial, individual e único o seu sentir por cada uma das pessoas. No entanto, cada vez mais estamos despertos para este tipo de dor e já vamos decifrando alguma coisa.

A sociedade ainda não fala abertamente sobre este tema como seria necessário, não havendo também respostas suficientes de apoio e ajuda, com uma visão sistémica e integrativa, para onde se possa referenciar e encaminhar estas pessoas. Está na hora de darmos visibilidade e importância a este tema, impulsionando a consciencialização e a mudança.

A escala de consciência de Hawkins[2], também conhecida como Mapa da Consciência, é uma teoria desenvolvida pelo psiquiatra e pesquisador americano David R. Hawkins em que ele fala de uma escala que classifica os níveis de consciência humana, variando de 0 a 1000. Nela, os níveis mais baixos representam estados de consciência negativos, mas à medida que a pessoa avança na escala os níveis de consciência tornam-se mais positivos.

A escala é baseada na ideia de que cada nível de consciência tem uma frequência vibratória específica e que os níveis mais altos têm um impacto mais positivo na nossa vida e na sociedade como um todo. Hawkins também sugere que, à medida que uma pessoa eleva a sua consciência, torna-se mais capaz de influenciar positivamente os outros e o mundo ao seu redor. Assim, percebe-se o quanto é vantajoso olhares para as tuas dores e torná-las conscientes.

---

[2] HAWKINS, David. R. — **Poder versus força: uma anatomia da consciência humana.** Alma dos Livros, 2019. ISBN 9789898907707.

Lamentavelmente, as redes sociais onde muitos tentam espelhar vidas perfeitas, tudo o que já referi e que traz sofrimento não tem visibilidade suficiente para servir de alavanca e inspiração para pedir ajuda e promover a saúde mental. Contudo, já vamos assistindo a alguns movimentos de profissionais da saúde mental e terapeutas da área emocional e desenvolvimento pessoal a fazerem partilhas válidas e a proporcionar alguns eventos *online*, no que se refere a temáticas pertinentes no âmbito da saúde mental.

Olhares para a tua dor emocional e pedir ajuda é um ato de coragem e de autocuidado. Existem situações em que poderás efetivamente necessitar da ajuda profissional, através de um enfermeiro de saúde mental, psicólogo, psiquiatra, *coach* emocional, terapeuta, que facilite o processo de olhares para as tuas dores e que te ajude a compreender e a dar-lhes um novo significado, para poderes construir uma nova história em torno das tuas dores e assim teres uma melhor compreensão e mais clareza sobre as mesmas, aumentando a tua capacidade de superação do sofrimento emocional.

Pela minha experiência como *especialista em saúde mental,* no acompanhamento de pessoas em sofrimento emocional, o processo de superação torna-se mais rápido quando assistido por um profissional, quer pela ajuda que este dá na tomada de consciência quer pelas ferramentas/estratégias que partilha com a pessoa. Também verifico que pelo facto de a pessoa se sentir acompanhada e apoiada por alguém neutro, que não faz julgamentos, isso facilita o processo terapêutico.

A libertação da dor emocional, da dor d'alma, não é uma corrida, é um processo consciente que deverá acontecer ao teu ritmo, sendo uma caminhada individual e única, em que o primeiro passo é olhares e aceitares as tuas dores.

# POR QUE RAZÃO CAMUFLAMOS A DOR

As dores ocultas são mais comuns do que pensamos.

Às vezes só tomas consciência das tuas dores porque fizeste algum exercício físico, ou alguém tocou no teu corpo e doeu, isto falando da dor física que é mais fácil de detetar.

As dores emocionais são mais subtis, elas podem surgir na tua vida por situações que mexem a nível emocional de forma profunda, como por exemplo: perdas significativas (de entes queridos, animais, mudança de casa e de área de residência/país, entre outras), vivência de eventos traumáticos (doenças graves, abuso sexual, *bullying*, perseguição, maus-tratos, cenários de guerra, falência financeira, crime, doenças de familiares próximos, acidentes, catástrofes, entre outros) ou feridas emocionais que permanecem no tempo e que achas que estão superadas, mas que na realidade não estão, podendo emergir apenas com um gatilho (por exemplo, através de uma recordação, imagem, música, um cheiro, sons ou palavras), mas suficiente para ativar a dor emocional que está escondida e/ou camuflada.

Por vezes insistimos em não olhar para a dor emocional porque provoca sofrimento e isso pode acontecer devido a crenças limitantes, relacionadas com a dor e que de certo modo influenciam a forma como lidamos com o sofrimento causado por ela.

No meu exercício profissional verifico que as pessoas têm tendência a manter a dor camuflada, procurando ajuda no limite, isto é, quando a dor já é intolerável, causando incapacidade ou perda.

*O que levará as pessoas a procurar ajuda tardiamente?* Existem diversas razões, nomeadamente:

- O estigma associado a questões emocionais e problemas do foro mental, em que as pessoas têm vergonha ou medo do julgamento.
- A falta de consciência da própria dor emocional, achando muitas vezes que é só cansaço e stresse, desvalorizando os sintomas (exemplo: insónias, irritabilidade, falhas de memória, falta de prazer na vida, choro fácil, entre outros).
- O medo de pedir ajuda, porque desconhecem o tipo de profissionais e estratégias utilizadas, ou porque isso vai obrigar a olhar para as suas dores.
- Questões financeiras.

Na realidade, quando manténs as feridas emocionais camufladas e as escondes, ou não queres olhar para elas, estás em fuga da dor, pois a tendência é não olhar para evitares a sensação de desconforto e dor. Quando não se está preparado para lidar com a dor que as feridas emocionais provocam, há tendência a ocorrer a fuga.

*Como?* De muitas maneiras:

- Enchendo a vida com tudo e com nada.
- Aceitando trabalho e mais trabalho.
- Preenchendo a agenda com compromissos.
- Tendo relacionamentos amorosos um após o outro.
- Consumindo substâncias como álcool e outros tipos de drogas.
- Adotando comportamentos aditivos, como o jogo, para distrair da dor.
- Fazendo compras e até mudando de país.

E assim a pessoa vai vivendo neste registo acreditando que a dor emocional se vai resolver, e que a solução é esquecer ocupando os dias ao máximo, na esperança de que as feridas emocionais que habitam o coração e a alma desapareçam espontaneamente.

É comum nas minhas consultas ter clientes com este tipo de fuga, ou seja, além de apresentarem algumas das caraterísticas mencionadas, e quando o foco é trabalhar feridas emocionais, as pessoas por vezes desmarcam consultas ou faltam, ou até lhes avaria o carro no dia da consulta, porque estão inconscientemente em fuga daquilo que causa desconforto e a evitar mexer no que causa a ferida. Isto ocorre porque a pessoa ainda não é capaz de olhar para as suas dores, ou porque não quer relembrar/reviver as emoções que estão associadas às feridas emocionais. Contudo, é importante «tirar os pensos rápidos» que estão a camuflar as feridas emocionais, olhá-las e aceitá-las, para que seja possível superar o sofrimento causado por elas.

# O RISCO DE MANTER
# A DOR ESCONDIDA

Quando a dor permanece inconsciente existem riscos e consequências para o indivíduo em várias esferas da vida.

Se insistires em não olhar e não pedir ajuda, o sofrimento emocional poderá despertar uma doença física ou mental.

O medo de olhar para a dor pode ser mais incapacitante que a própria dor, pois quando evitas olhar para as dores emocionais que persistem no tempo estas poderão manifestar-se a nível físico, através de uma dor numa zona particular do corpo, ou de uma doença física ou mental. Alguns autores, como Lise Bourbeau[3], referem mesmo, que este fenómeno ocorre porque as dores precisam de ser vistas e para que possamos dar a devida atenção às feridas emocionais.

As feridas emocionais estão vazias de amor e cheias de dor, resultando por vezes de situações traumáticas na infância, em que a dor silenciada e negada fica registada no subconsciente da criança, na sua essência e até no corpo físico, marcando uma vida. Se estas feridas não forem tratadas, ressignificadas e curadas pelo perdão, a gratidão e o amor-próprio, podem

---

[3] BOURBEAU, Lise — **Quem és tu? Saber escutar o corpo e a alma**. Pergaminho, 2019. ISBN: 9789896875695.

reabrir na adolescência ou na idade adulta.

A dor ainda é vista como uma «zona escura» ou «proibida», para a qual se evita olhar, falar dela e/ou sentir.

Por vezes, esta já faz parte do dia a dia do indivíduo, de tal forma que se torna aceitável e até confortável. Por incrível que pareça, algumas pessoas acomodam-se a viver com a dor e já se sentem estranhas quando não a têm presente no seu quotidiano. Adaptam-se e, apesar da dor diária, aceitam-na como algo normal.

Quando insistes em não olhar para as feridas emocionais, mantendo-as camufladas, começas a sofrer da síndrome da dor escondida, que pode manifestar-se por:

- ✓ Sensação de vazio que não se compreende.
- ✓ Angústia no coração.
- ✓ Insatisfação constante.
- ✓ Sentimentos de solidão e tristeza que teimam em ficar e não sabes de onde vêm.
- ✓ Quando algo não está bem e há um vazio no coração, que não se enche de alegria nem de amor.

Se a dor permanece escondida há o risco de causar sofrimento inconsciente e prolongado, continuando a escalar e a provocar dano, a não ser que algo ou alguém te desperte e traga à consciência as tuas dores para que possam ser vistas, aceites e sanadas, evitando o risco de desenvolveres doença mental.

Infelizmente, as respostas no Sistema Nacional de Saúde (SNS) ainda são insuficientes para uma resposta atempada e eficaz na área mental. É necessário procurar e aceitar ajuda para a dor emocional, atempadamente e o mais precocemente possível para evitarmos a doença mental. Para isso é preciso ter a coragem de olhar para as feridas emocionais, ser capaz de identificá-las e aceitá-las.

O equilíbrio entre a saúde física, mental, emocional, energética e espiritual é a chave para uma vida mais leve. Procurar apoio profissional pode ser um passo importante para trabalhar as feridas emocionais, podendo evitar a doença mental, ou até mesmo recuperar a saúde mental, o bem-estar individual e/ou familiar. No entanto, tu tens todo um potencial dentro de ti para ativares a cura emocional, em que um dos primeiros passos é assumires as tuas dores, olhando para elas sem medo.

# OS MUROS QUE CERCAM O CORAÇÃO

O Dr. Bradley Nelson[4], médico holístico reconhecido a nível internacional e um dos especialistas de referência em métodos naturais para uma saúde plena, fala-nos da expressão «muros em volta do coração», que achei curiosa e interessante.

Na realidade ele refere que o «muro» em volta do coração é o resultado de um conjunto de emoções aprisionadas que nos impedem de aproveitar a vida ao máximo, provocando bloqueios emocionais.

Ele faz referência ao facto de que o nosso coração gera 60 mil vezes mais potência e energia eletromagnética do que o cérebro, o que faz dele o órgão mais poderoso do corpo.

Ou seja, o coração é o núcleo do nosso ser e a essência de quem realmente somos, por isso merece toda a nossa atenção.

Estes «muros» não escolhem idade nem sexo. Infelizmente, crianças e adolescentes, por vezes, já têm esses «muros» no seu coração.

Como enfermeira especialista em saúde mental, especialmente na intervenção na comunidade em escolas, onde lido diariamente com crianças e adolescentes, tenho-me deparado com processos de sofrimento profundo.

---

4 NELSON, Bradley — **O código da emoção**. 2.ª ed. Lua de Papel, 2023. ISBN: 9789892348001.

Às vezes as pessoas questionam como é possível alguém tão jovem ter tanto sofrimento emocional na sua vida. No entanto, a minha experiência diz-me que é possível e que infelizmente é uma realidade. É comum, na minha atividade profissional, deparar-me com crianças e adolescentes que apresentam:

- ✓ Ataques de pânico ou crises de ansiedade.
- ✓ Perturbações alimentares.
- ✓ Situações de violência na escola ou em casa.
- ✓ Baixa autoestima.
- ✓ Falta de autoconfiança e de afeto.
- ✓ Isolamento social.
- ✓ Dificuldade em lidar com a frustração.

O certo é que tudo isto conduz a processos de sofrimento emocional, e se não existir uma intervenção atempada poderá levar à doença mental.

A dor silenciada pode ser uma chamada de atenção para o aprisionamento das emoções no coração. Devido a emoções aprisionadas, às vezes desde a infância, estas crianças e adolescentes ficam tristes e sem brilho no olhar.

Encontro pais com dificuldade em lidar com algumas destas situações, em que demonstram desespero e sofrimento emocional perante o sofrimento dos filhos, sem saberem o que fazer, ou por vezes com dificuldade em aceitar as situações — entram em estado de negação enquanto for possível e evitam olhar para a dor dos filhos, até que chegam a um ponto em que são obrigados a olhar.

Segundo o Dr. Bradley, quando a pessoa coloca um «muro» em torno do seu coração poderá ter como objetivo proteger-se de uma situação negativa para evitar vivenciar a dor novamente. Ou seja, a pessoa em sofrimento quase «congela» o coração, criando uma barreira entre ela e os outros, não expressando as suas emoções, não partilhando sentimentos, não permitindo que outras pessoas acedam ao seu sentir e verdade, achando que assim vai evitar mais sofrimento. Na realidade, esta postura provoca o efeito inverso, contribuindo para prolongar e aumentar o sofrimento já existente, ficando-se «congelado».

Quando temos este «muro» de emoções bloqueadas a cercar o coração, podemos encontrar muita dor emocional e até física.

Só olhando e aceitando a existência da dor é possível remover o «muro emocional» criado em torno do coração e superar o sofrimento.

# CRENÇAS LIMITANTES

Crenças, em geral, são ideias que vais criando através da tua educação ou experiências, e que te guiam pelas mais diversas razões, tornando-se numa verdade absoluta na tua vida. Poderão também ser fruto do condicionamento cultural e familiar de cada um. São estados mentais em que assumes com convicção que algo é verdadeiro ou provável. Expressam-se muitas vezes verbalmente, através de afirmações que repetes várias vezes para ti ou para os outros.

As crenças limitantes são algo em que acreditas e que te podem levar a interpretações confusas da realidade, provocando distorção de uma imagem, de uma mensagem ou de um comportamento observado, confundindo o entendimento sobre as coisas e consequentemente a tua mente. Por exemplo:

- Se tiveres crenças limitantes com o dinheiro e acreditares que só é possível enriquecer roubando, então de forma inconsciente irás evitar ganhos financeiros elevados e, mesmo que obtenhas mais dinheiro, vais perdê-lo rapidamente para evitares sentimentos de culpa.
- Se acreditares que não chorar te torna mais forte, então a tendência é que contenhas sempre as emoções e poderás permanecer em estados emocionais como tristeza ou irritação.

Quando nasces és como um quadro em branco. Mas ao longo da vida vais sofrendo a influência de diversas pessoas, como é o caso dos teus pais ou figuras parentais de referência. À medida que te relacionas com os outros, e adquires novas experiências, vais formando algumas verdades absolutas que vão guiando a tua história, imprimindo marcas nos teus pensamentos, comportamentos e atitudes, bem como nas relações que estabeleces e na forma como lidas com as mais diversas situações que te acontecem. Por vezes, aquilo que as pessoas dizem acerca de ti ou sobre as tuas dores pode ser muito diferente da tua perceção, pois existe todo um mundo interno criado por nós, que é vivenciado e sentido de forma única e que nem sempre corresponde ao que é lido exteriormente.

As crenças são magnéticas, ou seja, se acreditares em algo isso pode ter grande impacto na tua vida, mesmo que não seja uma verdade absoluta. Por exemplo:

- Se acreditares que a vida é difícil, ela irá tornar-se difícil.
- Se acreditares que a melhor maneira de superar a dor é não falar sobre as situações que te causam dor, então não irás falar.

Mas isso só acontece porque te conetas com a verdade dessa forma, e o que se passa é que a vida te dará situações compatíveis com as tuas crenças. Assim nascem as crenças limitantes, que são interpretações e pensamentos que assumes como verdadeiros, mas que te poderão levar a desistir de concretizares objetivos/desejos/sonhos ou nem sequer tentares, criando bloqueios que te farão entrar facilmente no mundo do sofrimento emocional.

Estas crenças caraterizam-se por terem uma natureza negativa, o que te pode levar a desacreditar na possibilidade de alcançares os teus objetivos e sonhos, ou simplesmente alcançares a paz interior e a harmonia na tua vida.

É muito importante e poderoso ressignificar as crenças limitantes, ou seja, dar-lhe um novo significado e assim um novo olhar e perspetiva. *Percebes agora como é fundamental tornar a dor consciente*? Sempre que alguém diz que tem dor é para olhar e descodificar. Como enfermeira, sempre me disseram que se o doente diz que tem dor é para valorizar e tentar entender essa dor. A dor emocional não se vê, sente-se! A dor é real, não importa a causa ou as crenças, o importante é compreendê-la e aceitá-la.

# TORNAR A DOR CONSCIENTE

Tornar a dor consciente é importante por vários motivos. Primeiro, quando estás consciente da tua dor podes reconhecê-la e compreendê-la melhor, permitindo-te lidar com ela de forma mais eficaz, bem como encontrar estratégias para aliviá-la.

Ao fazer este movimento de consciencialização da dor podes investigar as suas causas e tomar decisões no sentido da sua superação. Por sua vez, também permite comunicar melhor as tuas necessidades aos outros. Se estiveres consciente da tua dor podes expressá-la de forma clara e assertiva, permitindo que os outros a entendam e ofereçam apoio adequado.

Nos processos de acompanhamento de doentes foram várias as vezes em que tive de os ajudar a tornar as suas dores conscientes e a identificar os vários tipos de dor. Por vezes deparava-me com doentes que achavam que tinham ausência de dor e, quando confrontados com algumas questões, e até escalas de dor, percebiam a sua presença e até identificavam alguns tipos de dor.

Essa consciência pode acontecer de várias formas, tais como:

- ✓ Trabalhando a consciência corporal.
- ✓ Refletindo sobre a presença sistemática de algumas emoções.
- ✓ Desconstruindo situações.
- ✓ Analisando os processos de perda.

Durante a minha experiência hospitalar com doentes percebi que, apesar de estarem medicados e a dor se manter estável, por vezes havia uma expressão facial que me dizia que havia algo mais, um sofrimento que vinha da alma, que não era sinalizada por eles, mas que eu conseguia perceber olhando nos seus olhos, observando e sentindo.

Existem dores que não passam com medicação, mas sim curando o que vai no coração. Por isso é importante tornar a dor emocional consciente, para que a pessoa se possa libertar do sofrimento na sua totalidade.

A consciência das dores de cada um é um processo único, individual e com ritmo próprio, que deve ser respeitado e não forçado.

Facilitar este processo implica respeito, tempo, aceitação, compaixão e amor, tanto quando se trata das nossas dores como quando estamos a lidar com as dores dos outros.

Tornar a dor consciente ajuda a desenvolver resiliência e crescimento pessoal. Ao enfrentar e lidar com a dor, podes aprender lições valiosas sobre ti e sobre como enfrentar desafios futuros.

Às vezes podes ainda não estar preparado/a para o processo de superação, pois tudo tem um tempo e fluxo certos. No entanto, acontece de forma mais rápida quando se proporciona clareza no caminho, e isso pode acontecer com apoio e ajuda profissional.

# CLAREZA NO CAMINHO

*"Sofrer não é uma opção,*
*pois muitas vezes o sofrimento se impõe.*
*Mas a forma de sofrer é uma escolha nossa.*
*Contudo, independentemente da forma escolhida,*
*devemos aprender a melhor maneira de sofrer*
*se quisermos fazer da dor uma ferramenta*
*para o nosso crescimento."*

Mark Baker

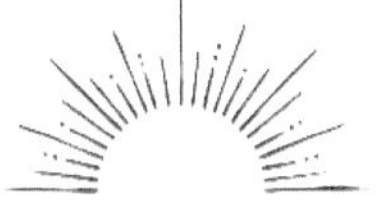

# A DIFERENÇA ENTRE DOR
# E SOFRIMENTO

Embora os termos sofrimento e dor sejam utilizados da mesma forma, e para situações semelhantes, eles encerram em si significados e interpretações diferentes.

A dor pode estar relacionada com as sensações físicas, bem como com questões emocionais.

O sofrimento é uma experiência subjetiva e complexa que depende da interpretação individual de cada um, influenciada por fatores individuais como valores, crenças, experiências passadas e apoio social. Pode ter um significado mais amplo, incluindo aspetos emocionais, psicológicos, sociais e até mesmo espirituais, podendo resultar de diversos fatores, como doenças, perdas, eventos traumáticos ou conflitos pessoais, entre outros.

A dor física crónica, ou a dor emocional, pode levar ao sofrimento emocional e pode englobar as dimensões emocionais e psicológicas da experiência humana.

É possível sentir dor sem sofrer emocionalmente, como no caso de um ferimento temporário, contudo, o sofrimento envolve uma carga emocional que pode persistir no tempo mesmo após a dor física ter sido ultrapassada.

É comum o sofrimento envolver emoções contrativas como culpa, angústia, tristeza, medo, desesperança, raiva, solidão e outras emoções contrativas intensas, que podem afetar o bem-estar geral e a qualidade de vida.

Muitas vezes não conseguimos identificar a causa do sofrimento emocional, nem percebemos que tem origem nalgum tipo de dor, mas se estivermos mais conscientes nestes processos podemos superar o sofrimento emocional mais rapidamente.

Lembra-te: a dor é inevitável, mas sofrer é uma escolha!

# DOR: MONSTRO OU MESTRE?

Um dos objetivos mais importantes da dor não é avisar-nos, mas ensinar-nos.

Esta funciona muitas vezes como um mestre silencioso, trazendo aprendizagens pelas vivência e experiência com a mesma.

Embora seja muitas vezes associada a algo negativo, e vista e sentida como um monstro, pode-se dizer que ela também pode atuar como um mestre, ensinando lições valiosas sobre nós mesmos, sobre as situações, transformando a nossa visão sobre o mundo e a vida.

Ela é considerada um mestre silencioso que nos mostra sinais que por vezes insistimos em não olhar, sentir ou ouvir, e porque estamos inconscientes nos processos.

A dor pode ser um mestre, impulsionador de aprendizagens e lições de vida. Diz-se que quando o aluno está preparado o mestre aparece.

A dor pode mostrar-nos o que precisamos de aprender, como por exemplo o amor-próprio, a empatia, a compaixão e a gratidão.

No entanto, também é considerada um mestre porque mostra-nos a direção a seguir, apesar de às vezes, e teimosamente, não querermos ouvir a nossa alma e ignoramos os sinais.

Aqui estão algumas formas pelas quais a dor pode ensinar-nos [5]:

1. **Resiliência** A dor pode mostrar o quão resilientes somos, quando enfrentamos uma experiência dolorosa, seja física ou emocional. Somos desafiados a encontrar força interior para lidar com ela. Superar a dor requer coragem e determinação, e cada vez que enfrentamos e superamos um obstáculo doloroso tornamo-nos mais fortes.

2. **Empatia** A dor pode tornar-nos mais empáticos em relação aos outros. Quando passamos por momentos difíceis desenvolvemos uma compreensão mais profunda das lutas e desafios enfrentados por outras pessoas e conseguimos colocarmo-nos no lugar delas. Essa empatia pode tornar-nos mais solidários, compassivos, e a termos mais compaixão. Contudo, não devemos tomar as dores dos outros.

3. **Autoconhecimento** A dor pode ajudar na caminhada de autoconhecimento. Quando estamos em sofrimento emocional somos levados a refletir sobre as nossas emoções, valores e prioridades. A dor pode revelar as nossas fraquezas e limitações, mas também

---

[5] CARVALHO, Paulo — **As oito dádivas eternas da vida**. Vogais & Companhia, 2010. ISBN 9789896680749.

pode mostrar-nos as nossas forças e recursos inter-
nos. Ao enfrentar a dor podemos descobrir o quanto
somos resilientes e capazes de superação que não
sabíamos ter.

4. **Crescimento pessoal** A dor pode ser um catalisador
   para o crescimento pessoal. Muitas vezes é nos momentos mais difíceis que somos desafiados a mudar, a
   encontrar novas perspetivas e a reinventarmo-nos.
   A dor pode funcionar mesmo como uma alavanca para
   procurar soluções, aprender com os erros e a desen-
   volvermo-nos como seres humanos.

É importante referir que, embora a dor possa ensinar-nos
lições valiosas, isso não significa que ela deva ser procurada ou
desejada. É natural que as pessoas a evitem e procurem o bem-
-estar, mas quando a enfrentamos podemos aprender com ela
e crescer a partir dessa experiência.

É fundamental também ter a humildade de procurar
ajuda nos períodos de dor, seja através de amigos, familiares ou
profissionais de saúde.

Desenvolver capacidades saudáveis e procurar apoio
adequado são abordagens mais construtivas do que simplesmente tentar evitar ou ignorar a dor.

A superação do sofrimento emocional causado pela dor
pode fazer emergir a melhor versão de nós próprios.

# A DOR COMO UM SISTEMA SOFISTICADO

*Sabias que a dor orienta o que fazemos como as «linhas de uma autoestrada»?* Tal como as linhas de uma autoestrada nos mostram os «limites», a dor representa um sistema de alarme sofisticado que nos informa de que algo não está bem, mostrando-nos os nossos limites ou que estamos no limite, sendo imperativo cuidarmos de nós.

A dor pode ajudar-nos a reorganizar para reequilibrar, só que muitas vezes não estamos atentos ou preparados para ler os sinais. Ela desempenha um papel crucial na proteção e na sobrevivência humana, funcionando como um mecanismo de defesa que nos permite identificar e responder a situações potencialmente perigosas para o nosso organismo ou mostrar que algo está errado connosco.

A maioria das pessoas não compreende as mensagens da dor, nem explora a sua origem, especialmente quando falamos de dor crónica, permanente e persistente, da qual já não se lembram quando começou ou como foi a primeira vez que a sentiram.

A dor ajuda-nos a evitar danos adicionais, incentivando-nos a procurar auxílio nos cuidados de saúde. Ela é um mecanismo de defesa que nos avisa quando algo está errado ou com potencial prejudicial para o nosso organismo. No entanto, a dor não é uma condição desejável e o seu tratamento adequado é fundamental para garantir o bem-estar e a qualidade de vida.

A dor física, que surge regularmente e que permanece no tempo, passa a afetar profundamente a área emocional, por vezes de forma silenciosa e inconsciente, ou seja, sem nos apercebermos.

A dor é considerada pela OMS[6] (Organização Mundial de Saúde) um sinal vital, dado que funciona como um sistema de alarme, informando-nos de que algo não está bem.

Ao longo do meu percurso formativo, nomeadamente na área das terapias integrativas e complementares, percebi mais claramente que uma boa percentagem da responsabilidade do processo de manutenção de bons níveis de saúde física e emocional está na dedicação e no compromisso de cada pessoa, que por vezes não consegue ler os sinais e vive o processo de forma solitária, até ao momento que percebe que precisa de ajuda para estar consciente, com clareza e conhecimento, das suas feridas emocionais.

Assim, percebe-se o quanto é importante escutar as dores, compreender a sua génese e agir, fazer algo para que esta não se agrave e torne insustentável.

---

[6] ORDEM DOS ENFERMEIROS — **Dor: guia orientador de boa prática**. Junho de 2008. ISBN 9789729964695.

# DISTINGUIR OS VÁRIOS TIPOS DE DOR

É muito importante identificar o tipo de dor que podemos estar a sentir ou a ver no outro. Esta tarefa às vezes não é fácil, mas é possível.

Contudo, vamos começar pela definição geral de dor, dada pela Associação Internacional para o Estudo da Dor (IASP — *International Association for the Study of Pain,* Ribeiro, 2013)[7], que a define como uma experiência sensorial e emocional desagradável, associada a dano tecidual efetivo ou potencial, ou descrita em termos desse dano, que não sendo apenas uma sensação ou sintoma é uma condição muito mais complexa que é importante reconhecer adequadamente.

Esta definição reflete o entendimento atual sobre a dor e destaca alguns aspetos abordados pela comunidade científica. Ou seja, a IASP, com a revisão da definição de dor, forneceu um ponto de partida para integrar uma visão holística e mais baseada em evidências sobre a mesma nos cuidados de saúde, salientando que a dor emocional não pode ser simplificada numa escala de 0 a 10 e que as avaliações desta precisam de um olhar sistémico e integrativo, levando em consideração os fatores

---

[7] RIBEIRO, Ana Leonor Alves — **A pessoa com dor crónica: um modelo de acompanhamento de enfermagem**. Universidade Católica, setembro de 2013. Tese de doutoramento.

cognitivos, psicológicos, sociais e espirituais, que são essenciais para o tratamento da dor.

A definição da IASP descreve o conceito de dor como uma experiência individual e subjetiva, em que a experiência sensorial é determinada neurofisiologicamente e a emocional baseada no estado afetivo, experiências passadas, estádio de desenvolvimento e inúmeros outros fatores de ordem pessoal, cultural e espiritual, resultando de aprendizagens adquiridas desde muito cedo na vida das pessoas.

A OMS[8] distingue a dor em duas grandes categorias, com base no critério temporal:

- Dor aguda, que resulta de um trauma, lesão física ou dor num órgão.
- Dor crónica, que se instala por vezes silenciosamente, mas que fica ao longo do tempo e que não desaparece, por exemplo dores articulares e musculares que são tão comuns. É neste tipo de dor que se encaixa a dor emocional ou dor d'alma.

Todos nós já sentimos vários tipos de dor, mas o mais importante é perceber que espécie de dor temos com mais frequência e compreender porquê.

---

[8] ORDEM DOS ENFERMEIROS — **Dor: guia orientador de boa prática**. Junho de 2008. ISBN 9789729964695.

**Exercício** *Qual é o teu tipo de dor mais frequente?* Convido-te a refletires sobre esta questão e a fazeres este exercício para trazeres à consciência as tuas dores e a sua tipologia. Assim, tenta agora responder a estas questões e toma nota do teu sentir:

- ✓ É uma dor que fica no corpo e não sai?
- ✓ É aquela dor dilacerante que atinge a alma?
- ✓ É uma dor que habita o coração?
- ✓ É uma dor que por mais que se faça persiste em ficar?
- ✓ É uma dor que ressurge na mesma zona do corpo?
- ✓ É uma dor que está sempre a crescer?
- ✓ É uma dor que vai e vem?
- ✓ É uma dor no peito que se sente quando se perde alguém?
- ✓ É uma dor que aparece sempre perante a mesma situação?
- ✓ Ou é simplesmente aquele tipo de dor que volta com um pensamento ou uma recordação?

Nunca pensei que houvesse tantos tipos de dor, mas quanto mais estudo e vivencio os fenómenos de dor mais descubro a sua imensidão e complexidade, bem como o seu potencial para trazer aprendizagem.

A dor é inevitável, por isso é tão importante saber reconhecer o tipo de dor e agir, fazer algo para superar o sofrimento causado ou mesmo evitar um nível elevado de mágoa, sanando o coração e a alma com todas as ferramentas e conhecimento que possamos ter, mas principalmente fortalecendo a nossa essência.

# VISÃO SISTÉMICA E MULTIDIMENSIONAL

Olhar para a dor como um fenómeno sistémico e multidimensional, tendo em conta as várias perspetivas e fatores, pode ajudar a libertar mais rapidamente o sofrimento emocional por ela causado.

Ler o fenómeno desta forma é fundamental para compreender melhor a sua génese e o impacto que pode ter, bem como para a libertação do sofrimento que pode causar.

A dor não é um fenómeno isolado, podendo atravessar gerações e, por isso, deve ser lida como um todo, com uma visão sistémica, multifatorial, multidimensional e como algo que até pode atravessar gerações.

Bert Hellinger[9] é um terapeuta alemão conhecido por desenvolver a abordagem terapêutica chamada Constelações Familiares, que deu origem à terapia sistémica. Ele observou muitas vezes que a dor, ou os problemas da pessoa, estava relacionada com as dinâmicas familiares não resolvidas. Ele defende que existem ordens ocultas que regem as relações familiares e que, quando essas ordens são desrespeitadas ou ignoradas,

---

[9] HELLINGER, Bert — **As leis da cura: estar bem e continuar bem**. Marcador, 2020. ISBN 9789897544323.

podem surgir problemas e sofrimento nos elementos do sistema familiar.

Na visão de Hellinger, a dor ocorre quando uma pessoa não está em alinhamento com as ordens ocultas da sua família, sendo por isso importante trazer à luz as dinâmicas familiares dolorosas para restaurar o equilíbrio e a harmonia, permitindo que a dor seja transformada e que o indivíduo encontre a sensação de paz e integração, voltando também a ter um sentimento de pertença.

Nick Potter[10], um osteopata de renome internacional, com mais de 25 anos de experiência clínica na área da dor, explica de que forma esta está relacionada com fatores biológicos, psicológicos e sociais, apresentando uma abordagem multidimensional para superar a dor.

O mesmo especialista também faz referência ao facto de que, apesar de a dor ser algo desagradável, ela é essencial, pois é a forma de o corpo dar o alerta, emitir um sinal de que algo está em desequilíbrio, sendo crucial compreendê-la numa perspetiva multidimensional e sistémica para superá-la.

Assim que conseguires ter esta visão global e integrativa sobre as tuas dores, estarás em melhor posição para as compreender de forma mais clara e perceberes em que aspetos elas te trouxeram aprendizagem, bem como identificar as tuas forças e, acima de tudo, terás assim condições para tomar decisões a favor do resgate do prazer e da alegria de viver, tornando a tua vida mais leve.

---

[10] POTTER, Nick — **O significado da dor: como acabar com o stresse, a ansiedade e a dor e alcançar o bem-estar**. Março de 2023. ISBN 9789897870118 (versão digital).

Estes processos de dor fazem-nos baixar a guarda, praticar a compaixão e não julgar.

Perceberás com o tempo o quanto a dor te capacitou para teres força para continuares a tua caminhada e até mesmo ajudares outras pessoas no seu processo de libertação emocional e superação.

# O EFEITO DOMINÓ

O efeito dominó da dor refere-se ao impacto que esta pode ter nas várias áreas de vida do indivíduo, ou seja, ela pode afetar não só a saúde física como a mental, a emocional, a espiritual, a social e até mesmo a financeira, mas também diz respeito às dores que atravessam gerações.

Daí que este efeito dominó também se aplique às dores que transportamos da nossa ancestralidade, de que muitas vezes não nos apercebemos, nem temos consciência e que designamos por dor ancestral.

Esta pode ser devido a culpas, vergonhas, segredos e recordações dolorosas que carregamos dos nossos ancestrais, muitas vezes de forma inconsciente.

Existem padrões e sensações familiares que trazem dor e que podem atravessar gerações, espelhando-se nas nossas vidas. Dores que não foram vividas e devidamente sanadas no passado e que se mantêm geração após geração, em busca da oportunidade para serem vistas e curadas. A isto chama-se o efeito dominó da dor ancestral.

Segundo Hellinger[11], a dor pode ser transmitida de geração em geração quando não é reconhecida e resolvida. Ele acredita que a dor surge quando as ordens ocultas da família são violadas ou quando há exclusão, injustiça ou trauma não resolvido dentro do sistema familiar, em que o processo de cura geracional por vezes é longo, dado que cada um transporta um código genético emocional de cerca de cinco mil gerações. O objetivo é libertar a dor e encontrar mais integração e harmonia dentro do sistema familiar.

Pouco se fala da dor ancestral, mas ultimamente, com o movimento que tem existido com a terapia sistémica através das constelações familiares, tem-se abordado a cura desta através de uma visão sistémica, recorrendo a constelações sistémicas e a um processo de ressignificação.

Por exemplo, Mark Wolynn[12], especialista em constelações familiares, refere que as dores crónicas podem estar relacionadas com a história familiar e com um ciclo de sofrimento que se pode perpetuar por gerações, se as dores não forem curadas.

Na terapia sistémica, quando ganhamos consciência dos nossos vínculos ancestrais podemos compreendê-los, honrá-los e aprendermos a quebrar os padrões inconscientes que estão a impedir-nos de vivermos uma existência mais leve, plena e feliz.

---

[11] HELLINGER, Bert — **As leis da cura: estar bem e continuar bem**. Marcador, 2020. ISBN: 9789897544323.
[12] WOLYNN, Mark — **Essa dor não é tua: como identificar e resolver traumas familiares**. Albatroz, 2023. ISBN: 9789897392207.

Maria Gorjão Henriques[13], de origem portuguesa e reconhecida internacionalmente como consteladora sistémica, com uma vasta experiência neste área em Portugal e no Brasil, também nos fala da dor ancestral referindo que por vezes sofremos por lealdade aos nossos familiares quando as dores do passado não são curadas pelos nossos antepassados, como também se não tivermos capacidade no presente de resolver essas lealdades, passando o sofrimento emocional para as gerações seguintes e assim sucessivamente, podendo perpetuar-se a dor ancestral no tempo. Daí ela repetir várias vezes esta afirmação: «O que eu reprimo transforma-se em destino, ao que eu resisto persiste.» Ela afirma mesmo que muitas das nossas dores atuais não são nossas, mas do passado.

Por vezes, sensações/padrões herdados dos nossos ancestrais associados à dor emergem na nossa vida porque as dores não foram choradas, nem vividas, as situações de sofrimento não foram vistas, nem resolvidas, no passado e por isso vão persistindo no tempo de forma geracional.

Segundo as leis do Universo, o que se passa dentro reflete-se no exterior, o que está em baixo é semelhante ao que está em cima, somos UM, o que poderá explicar a dor ancestral que se manifesta na atualidade na pessoa, na família e em determinadas áreas (por exemplo: saúde, emocional, social ou financeira). Daí a importância da terapia sistémica e multidisciplinar, bem como do trabalho de equipa e em rede, como sustentáculo e meio de cura.

---

[13] HENRIQUES, Maria Gorjão — **O despertar da consciência com constelações familiares.** Albatroz, 2023. ISBN 9789897392122.

O efeito dominó da dor pode ter um intervalo temporal grande, mas quando curada evita-se muito sofrimento.

68

# DOR E KARMA

Alexandra Solnado[14], mentora espiritual reconhecida mundialmente, fala sobre a relação entre karma e dor, afirmando que o karma pode trazer à nossa vida dores e lutos que não vivenciámos ou com que não soubemos lidar em vidas passadas, sendo transportadas em processos de reencarnação com situações que nos fazem lembrar as mesmas dores, para as podermos chorar e curar até serem sanadas, para nos permitirmos sentir e transformar e que nos levará no sentido do darma, do dom, e assim cumprirmos o nosso plano d'alma.

Para quem acredita nesta explicação fará sentido, para outros não. Não sei qual é o teu sentir, mas, seja qual for a tua posição, está tudo bem. Todos estamos em patamares diferentes de compreensão e evolução. Cada um tem as suas crenças e um caminho individual e único de transformação, bem como uma compreensão própria do mundo. O que interessa mesmo é ter conhecimento sobre as possíveis leituras e origens das dores e perceber qual se aplica a cada um ou aquela que te fará mais sentido.

Dor e karma são conceitos distintos, mas podem estar relacionados em algumas interpretações filosóficas e religiosas.

---

[14] SOLNADO, Alexandra — **O livro do amor**. Pergaminho, 2022. ISBN 9789896877279.

Vou explicar de forma sucinta cada um dos conceitos:

### Dor

A dor é uma sensação desagradável e desconfortável que podemos experienciar a nível físico ou emocional, podendo resultar de lesões, doenças, traumas emocionais ou outros fatores.

A dor é uma parte natural da experiência humana e desempenha um papel importante na nossa capacidade de reconhecer lesões e proteger o nosso bem-estar físico e emocional.

Podemos ter dor física e emocional, sendo que a dor física é geralmente causada por danos ou estímulos nocivos ao corpo, enquanto a dor emocional pode surgir de situações como perdas, desapontamentos ou tristeza, entre outros.

### Karma

O karma é um conceito originário das tradições religiosas indianas, como o Hinduísmo, o Budismo e o Jainismo. De acordo com essas crenças, o karma é a lei de causa e efeito que governa a vida de um indivíduo. Ela afirma que as nossas ações, pensamentos e intenções têm consequências que retornam para nós de alguma forma, influenciando as nossas vidas presente e futura.

O karma é uma forma de entender o princípio da justiça cósmica e da responsabilidade individual. Se alguém efetua boas ações, espera-se que colha resultados positivos no futuro, enquanto más ações podem trazer consequências negativas.

Alguns sistemas de crenças sugerem que a dor que experienciamos na vida pode ser uma consequência do nosso karma. Por exemplo, algumas interpretações referem que as dificuldades e os sofrimentos que enfrentamos podem ser resultado de ações negativas em vidas passadas.

No entanto, é importante mencionar que esta visão não é partilhada por todas as tradições religiosas e filosóficas, e existem diferentes interpretações do karma e da dor em diferentes contextos culturais.

Existem muitos fatores que podem contribuir para o surgimento da dor, como doenças, acidentes ou fatores genéticos, entre outros.

A relação entre dor e karma é uma questão complexa e sujeita a diferentes interpretações e crenças pessoais.

Lembro que a dor física ou emocional não tem de ser necessariamente um resultado do karma, contudo, considero que é importante ter uma visão abrangente e multidimensional do fenómeno da dor.

# MAPEAR A DOR EMOCIONAL

*Sabias que a dor emocional pode ser mapeada?* Fazê-lo é um exercício de autoconhecimento que pode ajudar a tomares consciência e a trazeres clareza sobre a dor, bem como daquilo que ela te faz sentir. Assim, existem alguns passos que podem ajudar a mapear a dor emocional.

Podes realizar este exercício sempre que sentires dor. Pode ajudar-te a identificar a causa do sofrimento emocional, que muitas vezes está presente de forma subtil nas nossas vidas, tirando-nos alegria e o prazer sem termos consciência disso.

O autorrelato continua a ser a fonte para a avaliação da dor, a par da avaliação da intensidade sensorial da mesma, existindo várias escalas.

No entanto, para a dor emocional especificamente, não existem ainda muitas ferramentas específicas para avaliar este tipo de dor.

Existem vários modelos que podem sustentar o mapeamento da dor, nomeadamente os modelos de avaliação da dor PQRST ou OLD CARTS[15], que se encontram na literatura e que

---

[15] BATALHA, LMC — **Avaliação da Dor**. Coimbra : ESEnfC, 2016. (Manual de estudo — versão 1).

têm por base uma série de questões-guia sobre a mesma. É baseada nas questões que fazem parte destes modelos, e outras mais direcionadas para a dor emocional, que te apresento uma possibilidade simples e descomplicada para mapeares as tuas dores passo a passo.

### Passo 1 — Observar os gatilhos para a dor emocional

Identifica os gatilhos emocionais (são estímulos ou eventos que desencadeiam uma resposta emocional intensa ou negativa na pessoa), tais como uma palavra, uma imagem, um som, lugares, eventos ou situações específicas ou alguma coisa que desperte recordações, traumas ou emoções passadas.

Ao identificares os gatilhos podes tomar medidas para evitar ou lidar melhor com eles, bem como para ressignificar as tuas dores.

### Passo 2 — Examinar os padrões de pensamento

Observa a presença de padrões de pensamento (pensamentos que se repetem sistematicamente) negativos ou autodestrutivos que podem estar associados à dor emocional.

Tenta identificar a sua presença e regista-os mesmo num papel, para compreenderes melhor a origem das tuas dores.

### Passo 3 — Identificar sinais e sintomas físicos e emocionais que sejam desconfortáveis

Tem especial atenção ao aparecimento repentino de dores no corpo, sem qualquer causa aparente de trauma ou doença física, ou mesmo à presença de alterações de comportamento com permanência de emoções contrativas como tristeza ou irritabilidade, pois poderão ser sinais de sofrimento emocional.

### Passo 4 — Identificar a origem da dor emocional

Explora a origem da dor. Por exemplo, questiona se a dor está relacionada com alguma perda, um evento traumático, uma desilusão ou uma situação difícil que provoque sofrimento emocional.

Compreenderes as possíveis causas da dor pode ajudar a contextualizá-la e a entenderes melhor a sua origem.

### Passo 5 — Identificar o tipo de dor emocional

Começa por identificar e nomear as emoções que estás a sentir. Pode ser tristeza, raiva, solidão, culpa, medo, desilusão ou angústia, entre outras. Reconheceres e nomeares as emoções é o primeiro passo para compreenderes qual é o tipo de dor emocional que poderás estar a sentir.

### Passo 6 — Descrever o *timing* de duração

Se identificaste algumas das situações anteriores é importante perceberes o *timing* em que surgiu a dor/o desconforto e há quanto tempo se mantém. Por exemplo, se é uma dor que já desapareceu, que vai e volta ou se tem vindo a intensificar-se.

### Passo 7 — Explorar as estratégias para resolver a dor

Reflete sobre as estratégias que tens utilizado para ultrapassar a dor emocional, que resultam e que sejam saudáveis e eficazes para ti. Contudo, sabemos que expressar as emoções, praticar o autocuidado ou procurar apoio profissional são escolhas possíveis.

### Passo 8 — Superar sozinho ou acompanhado?

Há quem o faça sozinho ou com apoio profissional, essa é uma escolha de cada um. Todavia, procurar apoio ou partilhar a dor com alguém de confiança, como um amigo, um elemento da família ou um profissional de saúde mental pode ser importante. Este último é uma possibilidade no processo de superação e que pode ajudar a aliviar a dor emocional, oferecendo uma perspetiva adicional e podendo ser um acelerador na libertação do sofrimento, daí designar como «Superação Flash» o apoio com ajuda profissional especializada.

***

Mapear a dor emocional é um exercício que pode ajudar-te a compreenderes e a lidares melhor com as emoções dolorosas, mas também pode ser um caminho possível para compreenderes e enfrentares melhor o sofrimento emocional.

Saliento que cada pessoa é única e pode escolher diferentes abordagens para mapear a própria dor.

Estes passos são apenas uma sugestão, alicerçada nas minhas experiência e pesquisa, mas que podem ajudar-te a trazer mais consciência e clareza sobre as tuas dores, pois o sofrimento emocional é uma experiência complexa e individual, por vezes difícil de decifrar.

# MAPEAR A DOR EMOCIONAL

*(Desafio-te a fazeres este questionário[16] rodeando a tua opção e no final fazeres o somatório dos pontos para teres o resultado)*

| Questão | Sim | Não | Exemplos |
|---|:---:|:---:|---|
| 1. Alguma vez ficaste com dor por trazer à memória uma situação que foi traumática para ti? | 1 | 0 | Situações ou recordações que possam ter trazido dor física e/ou intensificar sofrimento emocional existente. Por exemplo, a presença de certas pessoas, lugares, lembranças ou eventos específicos. |
| 2. Costumas ficar com algum tipo de dor física ou emocional perante uma pessoa/situação que é agressiva para ti? | 1 | 0 | Surgimento de desconforto físico (dor de cabeça, dor de estômago, dor nas costas...), insónia, tristeza, angústia após exposição a uma situação agressiva. |
| 3. Existe alguma lembrança desagradável que ainda mexe contigo emocionalmente quando a trazes ao presente? | 1 | 0 | Situações ou recordações que, apesar de serem do passado, ainda trazem desconforto físico e/ou sofrimento emocional. Por exemplo, a presença de certas pessoas, lugares, lembranças ou eventos específicos. |
| 4. Neste momento sentes algum tipo de dor? | 1 | 0 | Seja dor mais frequente nalguma zona do corpo, ou estados emocionais mais desagradáveis, ou falta de vitalidade ou energia para fazer as coisas e até para passear. |
| 5. Consegues dormir bem durante a noite? | 0 | 1 | Considera-se dormir bem quando acordas de manhã com a sensação de que o sono foi reparador, sem ter pesadelos e sem acordar várias vezes durante a noite. |
| 6. Quando estás triste tentas não chorar? | 1 | 0 | Quando a pessoa tem dificuldade em chorar mesmo sozinha e/ou tenta conter o choro e/ou não se sente aliviado depois de chorar. |
| 7. Durante o último mês tens tido pensamentos negativos? | 1 | 0 | Quando existe algum pensamento menos positivo sobre o próprio, sobre alguém ou sobre alguma situação, focalizado em algo negativo, que surge com frequência e que tem persistido no último mês. |
| 8. Consideras-te uma pessoa ansiosa? | 1 | 0 | Uma pessoa ansiosa antecipa os problemas e sofre sem saber se os medos têm fundamento. |
| 9. Consideras-te uma pessoa que transmite tranquilidade e que por norma se foca na solução? | 0 | 1 | Ser uma pessoa descomplicada, que perante os problemas procura logo obter soluções e entra em ação para resolver as dificuldades. |
| 10. Quando estás em sofrimento emocional costumas ultrapassar essa situação sozinho/a com facilidade? | 0 | 1 | A pessoa que tem várias estratégias para ultrapassar o sofrimento emocional e apresenta bastante resistência perante eventos traumáticos. |
| **Total de pontos** | | | **Somar pontos (sim/não) = __________** |

---

[16] Na pág. 185, nos Recursos, encontras um *QR Code* para fazeres *online* este questionário.

Agora, soma todos os pontos obtidos na coluna do «sim» com os da coluna do «não» e descobre o teu resultado:

**Pontuação entre 0 e 2** – Neste momento não apresentas dor emocional significativa na tua vida: ou é muito residual ou não estás consciente da sua presença. Contudo, sugiro que dês atenção a esta área, quanto mais não seja no aspeto preventivo, quer para ti quer para ajudar outras pessoas em processo de dor. Existem práticas diárias de autocuidado, que podem ser realizadas no sentido de prevenir o sofrimento emocional e potenciar o bem-estar. Acima de tudo, é importante trabalhar a tomada de consciência e clareza sobre a presença da dor, para poderes trazer consciência do seu nível de presença e intervir o mais precocemente possível.

Sugiro que leias os Capítulos 1 e 2 deste livro.

**Pontuação entre 3 e 5** – Já existem alguns sinais e sintomas que demonstram a presença de dor, que te provoca sofrimento emocional. Atenção, para que este sofrimento não aumente. Recomendo uma reflexão mais profunda sobre as questões específicas em que respondeste afirmativamente. Nesta fase já poderás necessitar de aconselhamento profissional.

Sugiro que leias, mais a fundo, o Capítulo 3 deste livro.

**Pontuação entre 6 e 8** – Aqui percebe-se que existe uma dor persistente e sistemática, que está a provocar sofrimento emocional. É importante nesta fase focar a atenção em identificar a origem da dor e em realizar práticas diárias de autocuidado integrativo, para evitar que a dor agrave o sofrimento emocional.

Poderás conseguir fazê-lo sem ajuda ou necessitares de ajuda especializada.

Sugiro que leias, mais atentamente, o Capítulo 4 deste livro e experimentes os exercícios disponíveis nos Recursos.

**Pontuação entre 9 e 10** – Aqui, provavelmente a dor emocional está instalada e precisa de ser trabalhada. Aconselho vivamente que procures ajuda especializada. Vais perceber que existem várias estratégias que se podem utilizar para ajudar a superar a dor emocional e muitas delas naturais. Contudo, é imprescindível que te comprometas com o teu processo de superação e libertação da dor emocional.

Sugiro que leias, com mais detalhe, o Capítulo 5 deste livro e experimentes os exercícios disponíveis nos Recursos.

***

Se estás a enfrentar uma situação que te provoca dor emocional significativa, é importante procurar apoio profissional para aprenderes a lidar com ela e de forma a superares mais rapidamente o sofrimento causado.

As dores são específicas de cada pessoa, mas, ainda assim, existem algumas similaridades entre elas.

Descobrir o que nos leva ao sofrimento emocional faz parte da jornada do mapeamento da dor. Este pode ajudar-te a identificar e a descobrir a origem das tuas dores e a tomares decisões mais conscientes. Conhecendo cada etapa/passo para mapear a dor, consegue-se ser mais específico na identificação da dor emocional e decidir em consciência o caminho a seguir.

A estratégia de mapear a dor emocional onde se colocam as questões certas é uma forma de identificar as dores atuais, porque na realidade elas podem ir mudando, ou seja, o que hoje é uma dor para mim, que me causa sofrimento, amanhã pode não o ser.

Identificar as dores é um dos primeiros passos para a libertação do sofrimento emocional, por isso aconselho a mapeares de vez em quando as tuas dores, para te trazer mais clareza e estares mais consciente no processo de identificação da dor emocional e de libertação da mesma.

# SAIR DO CÍRCULO VICIOSO

Não deixes que a dor física se torne crónica, gerando um círculo vicioso de dor. Cuida-te, pede ajuda e evita que te cause dor emocional.

Quando te consciencializares das tuas dores vais perceber que estas são o resultado das tuas emoções.

Com isto quero dizer que a dor física, especialmente a crónica, resulta muitas vezes da presença de feridas emocionais inconscientes e de sofrimento emocional subtil, que te pode levar à doença física, mas também alertar para a presença de dor emocional profunda e persistente, que te pode levar à doença física ou mental.

Quando estamos em processo de dor emocional, a tendência é esquecermo-nos de cuidar do corpo, perdermos o apetite, dormirmos mal, ficarmos com uma postura cabisbaixa ou irritadiços, e vamos ficando sem energia e força a cada dia que passa.

Existe um ciclo de retroalimentação entre a dor e as emoções, onde a dor pode desencadear uma resposta emocional que, por sua vez, pode influenciar a perceção e a experiência da dor.

Por exemplo, sentir dor crónica pode levar a estados emocionais negativos, como ansiedade ou depressão, e essas emoções contrativas podem agravar a perceção da dor, resultando num ciclo contínuo de sofrimento, designado por círculo vicioso da dor.

Este processo é comum a todos os que passam por dor emocional intensa, enfraquece o corpo físico e depois começa a faltar a força mental, emocional e energética para lidar com as situações que nos causam sofrimento, fazendo-nos cair num círculo vicioso.

Assim, é importante nestas fases da vida estarmos rodeados de pessoas que nos acrescentam algo e que nos ajudam, de ambientes acolhedores e que nos serenam. No entanto temos de fazer a nossa parte, e essa é a mais importante e empoderadora.

Continuar a cuidar de nós, inclusivamente do corpo físico, para fortalecer a mente e reequilibrar a parte emocional e espiritual é fundamental para resgatar o equilíbrio.

À medida que nos fortalecemos vamos saindo do círculo vicioso da dor e superando o sofrimento emocional.

Após um episódio de dor arrebatadora, e após serenarmos o coração, emerge uma clareza de visão e um novo sentir, em que escutas a tua voz interna mais do que nunca, em que percebes o que é ou não é importante e imprescindível na tua vida — é como se houvesse a «separação do trigo e do joio», e tudo fica mais claro, inclusivamente a direção a seguir.

# AS MENSAGENS DA DOR

Por vezes a dor chega de mansinho outras de rompante, e nem sempre percebemos a sua intervenção mensageira.

São necessários anos, sensibilidade e uma grande visão sobre este fenómeno para compreender com clareza as mensagens da dor.

Poderão questionar se precisamos de ir sempre à dor para fazer aprendizagens e evoluir. Nem sempre. Existem pessoas que também o fazem pelo caminho do amor, com leveza e alinhados divinamente.

Mas, quando a dor surge, sem dúvida que é para fazer caminho evolutivo, de transformação, de mudança, apelando ao resgate de um estado de equilíbrio e harmonia.

A dor surge para realinhar e reconduzir a nossa alma para os seus plano e propósito.

As mensagens que a dor nos traz por vezes são subtis, outras mais explícitas.

Cabe a nós estar atentos e fazer todo um trabalho de autodesenvolvimento e autoconhecimento, para acedermos a estas mensagens cada vez mais rapidamente e com mais clareza.

# Capítulo 3

# COMPREENDER PARA AGIR

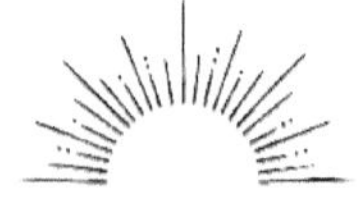

*"Não é evitar o sofrimento e a fuga diante da dor
que cura o homem,
mas a capacidade de aceitar a tribulação
e nela amadurecer,
de encontrar o seu sentido através da união com Cristo,
que sofreu com infinito amor."*

Papa Bento XVI

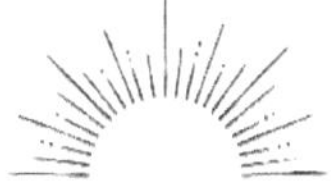

# DOR E *INSIGHTS*

Começamos a perceber que é nos momentos de dor intensa, em que nos sentimos despidos e desamparados, que temos importantes *insights.*

A dor profunda por vezes impulsiona-nos para terminar um ciclo, desafiando-nos a renascer, e quando as nossas dores ganham sentido também nos permitem ressignificar as histórias da nossa vida e avançar.

Em momentos de dor devemos olhar para onde queremos estar e não dar tanta importância ao problema e àquilo onde não queremos estar.

*Se eu te perguntar onde queres estar daqui a 10 anos, o que responderias? Se te perguntar quem gostarias de ser daqui a dois anos, o que dirias?*

Por vezes valorizamos demasiado onde estamos e o sofrimento onde nos encontramos mergulhados, ou aquilo que poderá estar a acontecer no intervalo de uma semana, e esquecemo-nos de valorizar o que pode acontecer daqui a uma década, bem como todo o seu potencial de transformação.

É importante salientar que não somos a dor, mas seres em transformação e evolução. Tal como uma borboleta, passamos pelo processo de metamorfose. Por exemplo, a lagarta e a borboleta são parte de um mesmo processo, em que a lagarta deixa de existir quando entra no casulo e se transforma num novo ser. Antes rastejava num modo de sobrevivência, e depois sai do casulo voando em liberdade de ser no Universo, no campo da alma, tornando-se naquilo que veio para ser, uma borboleta.

É preciso querer sair do «casulo», do «buraco» do «sofrimento», decidir o que queremos para nós e entrar em ação. Lembra-te, é muito importante celebrar sempre quando atinges os teus objetivos e sonhos.

A transformação ocorre numa imersão profunda, em que somos impulsionados a tomar decisões com base nas oportunidades, para que a mudança ocorra. Para isso temos de decidir e agir.

A forma mais rápida de atingir a transformação será através de um acelerador, que pode ser um processo, uma pessoa, um facilitador, um terapeuta, um *coach* ou um mentor.

Além disso, devemos assumir o compromisso para com a nossa mudança.

# A RELAÇÃO ENTRE EMOÇÕES E DOR

A relação entre as emoções e a dor é complexa e multi-facetada.

Tal como a dor pode modelar a esfera emocional da pessoa, também as emoções podem influenciar de várias formas a perceção e a experiência que a pessoa tem com a dor.

A dor emocional está intimamente relacionada com as emoções contrativas como culpa, medo e raiva.

Se deixares essas emoções invadirem o teu coração, cristalizando a dor emocional, pode levar à doença física e/ou mental.

Quando fiz a pós-graduação em terapias integrativas e complementares no tratamento da dor, aprendi que, de acordo com as teorias da medicina tradicional chinesa, as emoções podem estar na génese de problemas mentais e físicos, como por exemplo[17]:

- Dor, mágoa e a melancolia podem levar a doenças dos pulmões.
- O medo pode levar a doenças dos rins.
- A raiva pode levar a doenças do fígado.

---

[17] CAMPIGLIA, Helena — **Psique e medicina tradicional chinesa**. 3.ª ed. Ícone Editora, 2018. ISBN: 9788527418386.

- Tristeza profunda e desilusão no amor podem levar a doenças do coração.
- Preocupação e pensamentos negativos constantes prejudicam o baço.

Quando olhamos para a dor por este prisma percebemos que as emoções podem moldar a forma como interpretamos e identificamos a origem da dor.

Por exemplo, quando estamos ansiosos, assustados ou deprimidos existe maior probabilidade de se estar mais sensível à dor e de a sentirmos de forma mais intensa. Por outro lado, quando estamos felizes, entusiasmados ou envolvidos em atividades prazerosas, a perceção da dor pode ser mais reduzida.

Hawkins[18] fala da teoria do Mapa da Consciência, na qual muitas pessoas encontraram valor na sua abordagem e utilizam-na como ferramenta para o crescimento pessoal e espiritual. Ele refere que cada emoção e pensamento tem uma vibração energética específica que pode ser medida. Nos seus livros também afirma que a prática da meditação, a busca de autoconhecimento e a adoção de uma abordagem compassiva e amorosa em relação aos outros são caminhos para elevar a consciência.

As emoções podem influenciar a forma como expressamos e comunicamos a dor aos outros.

Algumas pessoas podem ser mais intensas na expressão da sua dor, principalmente quando estão em sofrimento emocional e mergulhadas em emoções mais contrativas.

---

18 HAWKINS, David. R. — **Poder versus força: uma anatomia da consciência humana.** Alma dos Livros, 2019. ISBN 9789898907707.

A dor pode fazer emergir uma variedade de respostas emocionais como medo, raiva, tristeza, frustração ou outras. Essas respostas podem estar relacionadas com as experiências prévias com a dor, como também pode resultar de sensações físicas e emocionais do momento.

Particularmente, a dor crónica pode ter um impacto significativo no bem-estar emocional, levando a sintomas de depressão, ansiedade e stresse.

As emoções também podem ser afetadas por fatores psicossociais, crenças, expetativas, experiências passadas, ambiente social e apoio social, os quais desempenham um papel importante na relação entre as emoções e a dor, e consequentemente na forma como interpretamos, lidamos e respondemos à dor.

Além disso, a dor crónica e a dor aguda podem ter mecanismos de influência emocional diferentes.

O tratamento eficaz da dor muitas vezes requer uma abordagem holística, que considera tanto os aspetos físicos quanto os emocionais da mesma.

# EXPRESSAR EMOÇÕES

Não tenhas vergonha de expressar as tuas emoções, respirar e preparar a tua voz para dizer a verdade, tornando a vida mais leve.

A expressão emocional é muito importante para podermos regular as emoções e termos uma melhor compreensão da nossa essência, bem como uma boa saúde mental.

De acordo com Bradley Nelson[19], expressar as emoções é extremamente importante para promover o bem-estar emocional e mental.

Quando nos permitimos expressar as emoções de forma saudável, podemos experienciar uma série de benefícios significativos.

Expressar as emoções permite-nos ter uma maior compreensão de nós mesmos, ser autênticos e verdadeiros, bem como reconhecer e validar os nossos sentimentos, em vez de reprimi-los ou negá-los.

 Ajuda-nos a identificar e a entender os nossos padrões emocionais, necessidades e desejos, promovendo o autoconhecimento e o crescimento pessoal.

---

[19] NELSON, Bradley — **O código da emoção**. 2.ª ed. Lua de Papel, 2023. ISBN: 9789892348001.

Ao dar voz às nossas emoções podemos experienciar uma sensação de alívio, reduzindo a carga emocional acumulada.

Quando comunicamos de forma autêntica sobre os nossos sentimentos, facilitamos a compreensão mútua e a conexão emocional com os outros. Comunicar as preocupações, os medos ou as frustrações é uma oportunidade para encontrar soluções em terreno comum.

A repressão constante das emoções pode levar a problemas de saúde mental como ansiedade, depressão e stresse crónico.

Assim, pode-se afirmar que expressar as emoções de forma saudável promove um melhor equilíbrio emocional e bem-estar geral.

Existem várias formas de expressar emoções, incluindo conversas honestas com pessoas de confiança, escrever num diário, praticar atividades artísticas como pintura ou música, ou participar em grupos de apoio. O importante é encontrar uma abordagem que seja confortável e eficaz para cada um.

Apesar de ser importante expressar emoções, é igualmente relevante fazê-lo de forma respeitosa e considerada em relação aos outros.

O respeito pelos limites e necessidades dos outros é fundamental nas interações emocionais.

É importante realçar que a expressão emocional desempenha um papel crucial no bem-estar e no desenvolvimento pessoal.

Ao permitires-te expressar as emoções de forma saudável, abres espaço para o autoconhecimento, o alívio emocional, o fortalecimento das relações e um maior equilíbrio interno.

O conhecimento profundo sobre o fenómeno da dor, bem como a utilização de práticas naturais e ancestrais, de forma consciente e sistemática, podem ajudar-te a encontrar o equilíbrio entre o corpo, a mente e as emoções.

# CAINDO NA ARMADILHA
# DA EXPETATIVA

Todos nós temos objetivos, missões e sonhos sobre os quais criamos expetativas. Contudo, estas podem trazer sofrimento quando não se concretizam, podendo em certas situações levar a experienciar a dor emocional.

Isso ocorre quando crias expetativas muito altas ou irrealistas sobre uma determinada situação ou resultado que não se verifica.

A diferença entre a expetativa e a realidade pode levar à desilusão, frustração, tristeza e até mesmo ao sofrimento emocional. Então, em vez de criares expetativas poderias criar uma alternativa a estas, como por exemplo objetivos pequenos e concretizáveis, desenhar etapas e processos com um passo a passo e partir para as situações de coração aberto, pondo a possibilidade de falhar como sendo algo normal e natural num processo evolutivo.

Podemos ver esta questão em duas perspetivas: uma quando crias expetativas que falham provocando dor, e outra quando colocas expetativas nos processos de dor para te libertares dela.

É comum a expetativa de evitar ou minimizar a dor, que

está frequentemente associada ao desconforto, ao sofrimento e à incapacidade, o que é perfeitamente natural, porque a tendência é evitar experiências dolorosas.

A dor causada pela expetativa é o resultado de uma reação emocional perante a não concretização da mesma.

Todos nós enfrentamos algum tipo de dor em algum momento.

A dor pode ser um sinal de que algo está errado ou que precisa de atenção, tanto em termos físicos como emocionais.

Uma expetativa realista em relação à dor é reconhecer que ela faz parte da experiência humana e que é possível aprender a lidar com ela de forma saudável e natural, em vez de evitar a dor de todas as formas, encetando por vezes a fuga.

Enfrentar e aceitar a dor pode ser útil para desenvolver aptidões como autocuidado, capacidade de aceitar apoio emocional, utilização de técnicas de relaxamento e capacidade de procurar ajuda.

Existem estratégias que podem ajudar a motivar, inspirar e guiar as tuas ações. No entanto, é importante ter um equilíbrio saudável e realista ao estabelecer objetivos para a tua vida e relembrar que a dor é uma parte inevitável dela.

Além disso, é importante lembrar que nem toda a dor é necessariamente prejudicial. Às vezes a dor pode ser um catalisador para o crescimento pessoal e o incremento da resiliência, que é fundamental para o processo de transformação. No entanto, é essencial encontrares um equilíbrio saudável entre o processo de superação da dor e o cuidares de ti, para não permitires que ela se torne avassaladora ou prejudicial ao teu bem-estar geral.

A expetativa em relação à dor pode variar, mas é importante reconhecer que a dor é uma parte inevitável da vida.

Respeitar o momento presente e não sofrer por antecipação é uma escolha possível para evitares o sofrimento emocional.

# EU E A DOR DO OUTRO

*Quantas vezes te enfraqueceste perante a dor do outro?* É importante olhar para a dor do outro de fora compreendendo o fenómeno como um todo, e com isso não te perderes de ti nem perderes a tua força, e assim poderes ter mais capacidade para ajudar e com mais qualidade.

Se te perderes com as dores dos outros, colocas-te numa posição vulnerável, desgastante e que não te trará soluções, mas mais problemas, e isso não ajudará no processo de superação ou resolução da situação, atrapalhando o caminho evolutivo, de transformação e de ajuda.

Manter o foco, a centralidade e a serenidade trará clareza e a capacidade para encontrar soluções mais rapidamente e eficazes.

Mas, por vezes, isto não é assim tão simples ou fácil de fazer, principalmente quando estás a lidar continuamente com a dor de alguém que amas, pois o sofrimento torna-se mais intenso quanto mais importante a pessoa é para nós.

Por exemplo, basta imaginar alguém que é cuidador informal em tempo integral de um familiar, ou mesmo uma pessoa que no seu trabalho desempenha esse papel, e que, quando regressa a casa após a sua atividade laboral, continua a ser cuidador/a com tarefas, responsabilidades e preocupações a escalar, ficando com menos tempo para se autocuidar. É fácil imaginar o stresse e a sobrecarga de que a pessoa é alvo diariamente. Estes cuidadores que lidam constantemente com o sofrimento do outro merecem o nosso respeito, carinho e atenção.

Coordenar todas as responsabilidades e atividades como cuidador é desafiante e deveras desgastante, principalmente quando falamos de um esforço diário, sem feriados nem pausas. Mesmo que esse cuidar seja com amor e dedicação. É sempre uma sobrecarga e por vezes faltam as forças e o ânimo.

Infelizmente, em Portugal os apoios aos cuidadores informais ainda são escassos, e verifica-se também um aumento exponencial do número de pessoas que assumem essas funções, com a agravante de que temos idosos a cuidar de idosos doentes e dependentes, e pessoas doentes a cuidar de doentes dependentes, entre outras realidades. Tudo isto traz sobrecarga para o cuidador, podendo mesmo comprometer a sua saúde física e mental e, consequentemente, a assistência à pessoa cuidada. Todos os cuidadores precisam urgentemente de atenção e que se criem apoios efetivos e capazes.

No entanto, e na minha realidade profissional, existe uma resposta ao cuidador informal da qual faço parte com a intervenção através de consultas de enfermagem de saúde mental para cuidadores informais que aceitam ser referenciados. Na minha consulta, a maior parte dos cuidadores são realmente pessoas idosas e na maioria o cônjuge. Por vezes, as pessoas partilham as expetativas que tinham em relação à velhice ou à fase da reforma, constatando que nada se realizou, ficando os planos completamente defraudados, o que causa sofrimento e a necessidade de um reajuste na dinâmica familiar, bem como de um suporte financeiro por vezes inexistente. Com tudo isto conclui-se que é importante viver o presente, ir vivendo os sonhos e concretizando os objetivos, pois a vida é hoje!

No que diz respeito à dor que podemos sentir por uma mãe ou um pai, que antes eram independentes e capazes, e que de repente por um problema grave de saúde ou pelo avanço da idade se tornam dependentes, esta pode trazer uma sensação de impotência e tristeza, e uma «urgência» de usufruir mais da sua companhia. Também percebemos que, nos casos em que o cônjuge se torna cuidador, este a dada altura pode demonstrar desgaste e cansaço, o que é natural. Daí que seja de extrema importância todo o apoio familiar possível e outros que também poderão ser necessários para garantir qualidade de vida à pessoa cuidada e ao cuidador.

Após um acidente vascular cerebral do meu pai, aos 67 anos, em que passei por um processo de sofrimento emocional intenso porque estava habituada a vê-lo como uma pessoa completamente autónoma e que me dava imenso apoio, que de repente se viu limitado, além do medo de o perder, principalmente numa fase inicial do episódio de doença súbita, percebi na primeira pessoa o quanto estas situações trazem dor, medos, angústias, dúvidas e desafios. Na realidade, o meu pai era um cuidador que passou a ser cuidado e isso trouxe-lhe um sentimento de impotência e inutilidade jamais sentido. Quanto à minha mãe, que passou a ser cuidadora a tempo inteiro, também sentiu uma grande mudança na sua vida, tendo de haver toda uma reorganização familiar, e também foi mostrando sinais evidentes de cansaço e desgaste. Isto para te dizer que quando falo de algumas situações sei perfeitamente quais são as emoções envolvidas e compreendo na primeira pessoa as situações, porque também as vivi.

Imagina outra situação, mas agora relacionada com a dor das crianças. *Como te sentirias perante uma dor física ou emocional de uma criança, que se prolonga no tempo e que por mais que faças para ajudar não para? E se essa criança que está em sofrimento for teu/tua filho/a?* Sei que a dor é dilacerante, como se rasgasse a alma. Eu sei o que isso é.

Tenho dois filhos e já vivenciei momentos dolorosos de aflição com eles, em que os vi em sofrimento e por mais que fizesse para lhes aliviar a dor, com todos os meus recursos e conhecimentos, nem sempre era suficiente, tendo de pedir ajuda.

Trazer os filhos de volta para um estado de alegria e paz é o que mais queremos quando eles estão em sofrimento. Quando não conseguimos isso dói profundamente, torna-se numa dor que vem das entranhas mais profundas e que nos derruba, fazendo-nos sentir impotentes e perdidos.

A verdade é que quanto mais nos deixarmos afundar na dor do outro menos capacidade temos para ajudar as pessoas que cuidamos. Então, uma das escolhas possíveis é ativar todo o nosso conhecimento, começar a reagir e a fortalecer-nos, para que elas sintam a nossa força e sejam puxadas para cima.

É difícil ver os nossos entes queridos a passar por estes processos dolorosos, mas hoje sei que são desafios para nos trazerem aprendizagem, mudança e até decisões que por vezes teimamos em adiar.

Aceitar as dores daqueles que amamos e cuidamos não significa cruzar os braços e nada fazer, mas sim chorar e aliviar, acalmar, gerir as nossas dores e emoções, mantendo a clareza e o foco, autocuidarmo-nos e fortalecermo-nos, para os ajudar e apoiar o máximo possível no processo de superação.

Ao longo destes anos aprendi que, por vezes, a melhor forma de ajudar o outro na sua dor é perguntar à pessoa se quer a nossa ajuda e que tipo de apoio precisa, em vez de querermos sugerir estratégias ou fazer uma série de coisas com as quais muitas vezes a pessoa não se identifica e nem precisa no momento, tendo em conta a sua realidade. Também podemos encontrar situações em que a pessoa não quer ser ajudada, e temos de a respeitar.

Na vida, os processos de dor são inevitáveis, no entanto, tens sempre o poder de escolha.

Se mantiveres a clareza, uma perspetiva positiva, tranquilidade e foco na resolução, as respostas às nossas questões, bem como as possíveis soluções, surgirão.

Manter a força e a vitalidade ativas para poderes nutrir e apoiar de forma afetiva e emocionalmente as pessoas que amamos, sejam filhos, pai, mãe, outros familiares, companheiros/as e/ou amigos/as, é essencial para conseguir superar o sofrimento com sucesso e mais leveza.

É fácil? Não, mas é possível quando nos comprometemos com o processo de superação e decidimos em primeiro lugar fazer algo por nós.

É mais fácil utilizar este tipo de pensamento e conhecimento quando lidamos com a dor das outras pessoas que não estão tão ligadas a nós. Contudo, e por experiência própria, percebo que por vezes, e sem nos darmos conta, vamos sendo envolvidos e de alguma forma acabamos por absorver as dores do outro.

Posso partilhar contigo que, como enfermeira, dei por mim várias vezes a fazê-lo, quer quando trabalhei com crianças na pediatria/neonatologia, quer com adultos em serviços de medicina ou cirurgia, onde por vezes os doentes tinham internamentos prolongados e com os quais criávamos afinidade — era doloroso vê-los a sofrer e também partir.

Ainda hoje me lembro de um doente com 42 anos, o António, que apesar de não ter duas pernas, estar algaliado, ter um saco nos intestinos para as fezes (ostomia), ter feridas enormes nas nádegas e andar em cadeira de rodas, agarrava-se à vida com «unhas e dentes».

Durante o internamento ele teve duas paragens cardiorrespiratórias que reverteram sem grande intervenção, algo que a equipa médica nem conseguia explicar.

Adorava música e a equipa de enfermagem tudo fazia para ele ter a música de que gostava. Levávamos CD com as suas músicas preferidas e até arranjámos um leitor de CD. Estamos a falar dos anos 90, em que não havia internet, tinha-se poucos canais na televisão e os telemóveis eram escassos.

Conversávamos imenso com ele, já fazia parte da casa. Até que um dia teve a terceira paragem e não resistiu, e toda a equipa chorou essa partida.

Nesse dia ele era meu doente e não fui capaz de fazer os cuidados pós-morte, pois chorava convulsivamente. No dia da sua morte eu tinha chegado de férias, parecia que estava à minha espera para partir, foi doloroso...

Mais tarde percebi que tudo fizemos por ele e que partiu sereno. Ele tinha cumprido a sua missão e nós também.

Na realidade, todos nós sentimos as dores dos outros de forma diferente, e está tudo bem, não há certo ou errado nestas coisas do coração e da alma.

O mais importante é olhar para as dores, aceitar, respeitar e superar o sofrimento causado por elas.

Quando conseguimos compreender o sofrimento do outro podemos agir de maneira mais compassiva, empática, e mais facilmente propor soluções que promovam o bem-estar.

A dor emocional é aquela com que temos mais dificuldade em lidar, porque por vezes apresenta uma natureza tão subtil, diria mesmo invisível, tendendo a prolongar-se no tempo e, portanto, a traduzir-se em elevados níveis de sofrimento.

Cada pessoa vive a dor de forma única e subjetiva, e a nossa compreensão em relação à dor do outro pode ser limitada. No entanto, ao reconhecermos a existência de sofrimento no outro, e ao mostrarmos empatia, podemos estabelecer conexões mais profundas e construtivas com as pessoas ao nosso redor.

Provavelmente, agora irás olhar para a dor do outro com mais compaixão, clareza e consciência, sem sofrer tanto por isso, mas chora sempre que precisares, não prendas as lágrimas, alivia o coração e a alma, mas de seguida enxuga o rosto e segue em frente.

# A DOR DA PERDA

A dor da perda pode levar a pessoa a vivenciar emoções intensas e profundas, que ocorrem quando se perde alguém ou algo valioso e significativo.

Esta, apesar de ser essencialmente emocional, também pode trazer sintomas físicos (como por exemplo: dor de cabeça, aperto no peito, falta de ar, falta de apetite ou de energia, ou até levar a uma doença), afetando diferentes dimensões da vida do indivíduo.

Esta é uma dor dilacerante da alma, que por vezes não se consegue descrever, apenas sentir de tão profunda que é. Persistindo por vezes no tempo, sem pedir licença e em contramão, levando a um grande esforço e por isso resultando num desgaste e sofrimento contínuos.

Muitas vezes envolve um processo de luto que pode levar a experienciar emoções como tristeza, raiva, negação, culpa e até mesmo alívio. Um luto precisa de tempo para que possa acontecer de forma saudável e para haver espaço para integrar toda a dimensão do SER. Mesmo que as nossas crenças nos permitam compreender e aceitar tranquilamente as transições dos nossos entes queridos ou pessoas/animais significativos, dói na mesma e por isso precisamos de tempo para integrar toda a nova situação. Por vezes, um luto leva-nos a abrandar e obriga de alguma forma a conetar-nos com a nossa essência. É o tipo de dor que deve ser olhada com humildade e com o coração. Assim, é importante que a pessoa se permita sentir e processar as emoções envolvidas, para poder superar e seguir em frente.

Por exemplo, uma das dores mais intensas é a perda de um filho. Todavia, existem outras perdas que implicam processos de luto, das quais não se fala muito por serem desvalorizadas, podendo também provocar muito sofrimento e ter grande impacto, tais como rotura num relacionamento, mudar de casa, a perda de entes queridos ou de um animal, situações de aborto, eventos traumáticos, fenómenos de violência, doença crónica, abuso, perder o emprego, mudança de país ou de terra e o próprio luto de quem fomos no passado para dar lugar a um novo EU.

A perda também pode implicar mudança de papéis. Por exemplo, a pessoa da condição de casada passa a viúva, de filha passa a órfã, de empregada passa a desempregada, etc. No caso dos pais que perdem os filhos deixam de experienciar a paternidade nos moldes anteriores e a mudança de papéis pode ser trágica, traumática, violenta, levando a muito sofrimento emocional.

Infelizmente já vivenciei muito de perto situações de perdas bastante dolorosas na minha família, uma delas relacionada com a partida repentina e inesperada de filhos ainda muito jovens, trazendo uma dor atroz, e vi o quanto isso transformou a vida principalmente dos pais e irmãos.

Sei o quanto é angustiante olhar para o quarto onde ainda estão os cheiros e os pertences dos filhos que transitaram, o quanto é doloroso pensar naquilo que eles poderiam ter vivenciado com a família e os amigos, o quanto poderiam ter explorado e ter acrescentado ao mundo.

Outras situações foram vivenciadas como enfermeira na comunidade a intervir com crianças e famílias, em que me deparei com histórias aterradoras de negligência e abusos de toda a espécie.

Desde crianças abusadas sexualmente (e não pensava que eram tantas), até crianças negligenciadas a vários níveis. Percebo que a maioria das pessoas pense que o porto mais seguro da criança é a sua família, mas infelizmente nem sempre corresponde à realidade.

Na verdade, achamos que estamos numa sociedade civilizada/evoluída e que deveriam ser cumpridos alguns princípios básicos, nomeadamente no que diz respeito aos direitos e à proteção das crianças, mas ainda se verifica na sociedade atual casos de maus-tratos físicos e psicológicos, bem como o não garantir à criança acesso a cuidados básicos, nomeadamente de higiene, alimentação, educação, segurança e saúde.

*Como é possível ainda termos crianças a morrerem por causa de guerras?* Dá para refletir.

*Que consequências estas perdas e sofrimento podem trazer à vida destas crianças e que adultos serão se não conseguirem superar as suas dores?*

Para ajudar a lidar com uma dor deste género existem alguns aspetos a termos em conta, sobre os quais gostaria de refletir contigo. Aspetos esses que te podem ajudar a lidar com a tua dor, se for o caso, ou ajudares alguém próximo de ti.

É natural durante o período de luto sentir tristeza, raiva,

confusão e outras emoções. É importante sentir e vivenciar as emoções, sem vergonha e sem qualquer tipo de culpa.

O processo de luto é um movimento de renascimento e de aprender a viver num novo formato, ou até mesmo num novo paradigma.

Existem pessoas que, por exemplo, em processo de luto pelos filhos, preferem não falar do assunto, não só porque lhes é doloroso, como também porque o seu foco ainda permanece no evento doloroso da perda e em eventuais angústias ainda existentes. Outras preferem falar constantemente sobre o filho que partiu, como forma de perpetuarem a sua presença e honrar a sua existência, através da sua lembrança nas diferentes situações. Não está certo nem errado, cada um deve fazer aquilo que é mais confortável para si e para a sua família, sempre com base no diálogo e na partilha do seu sentir.

Durante este processo é comum as pessoas negligenciarem a sua saúde, o autocuidado, e por isso o seu bem-estar, esquecendo-se de si, pois muitas vezes não têm forças e permanecem fechadas num «casulo» com a sua dor.

Se algum dia passares por estas experiências, logo que te seja possível deves começar a nutrir-te emocionalmente e fisicamente. Ou seja, reagir, para poderes superar a situação da melhor forma possível. Como, por exemplo, através de práticas diárias de autocuidado, como explicarei mais à frente.

Lembrar a pessoa amada que partiu, através de rituais ou tradições que honrem a sua memória pode ser importante no processo de superação e na adaptação à nova realidade.

Não te deves autopressionar para superares a perda rapidamente, mas sim ser gentil e paciente contigo mesmo/a.

O apoio e o afeto, da família e de amigos, é fundamental no processo de superação, bem como os grupos de autoajuda que podem ter um papel importante quando partilhas a tua história com outras pessoas em situação semelhante.

Em suma, cada um tem uma forma e um tempo próprios para viver o seu luto, que deve ser respeitado. É um processo individual e não existe prazo definido para superá-lo. No entanto, se se prolongar muito no tempo, com aumento exponencial do sofrimento emocional, é importante pedir ajuda profissional, principalmente quando o luto apresentar alto risco de se tornar patológico.

Lembra-te de que, embora a dor da perda seja uma experiência dolorosa e intensa, com o tempo a pessoa pode encontrar formas de lidar com ela e arranjar estratégias para equilibrar a situação, ou ser um pilar fundamental no apoio a alguém na sua jornada de superação. Quando assim não acontece, não deves hesitar em pedir ajuda.

# UM CAMINHO SOLITÁRIO

Quando estamos em processo de dor e tentamos expressar ou descrever através de palavras o que se está a sentir, por vezes não é evidente ou compreensível aos olhos dos outros e por isso podemos considerar que a vivência da dor é um caminho solitário na forma como a experienciamos e sentimos.

*Quantas vezes já tentaste expressar algo que te provoca desconforto, ou até mesmo sofrimento, e te tiraram a voz com expressões de desvalorização do tipo «lá estás tu a complicar», ou «estás a ver coisas que não existem», ou «isso é da tua cabeça»?* Estas e outras expressões por vezes são travões à expressão emocional e a pedidos de ajuda, levando a que a tua dor não seja vista, nem valorizada, e é muitas vezes por isso que as pessoas se retraem, evitando pedir ajuda, ou então, por não terem consciência de que estão em sofrimento emocional, vão arrastando estas situações e o sofrimento prolonga-se no tempo, podendo mesmo vir a manifestar-se numa doença mental ou física.

Este caminho não tem de ser solitário, saber pedir ajuda também é um ato de humildade e coragem, dar voz às dores é importante e se for necessário gritar para te fazeres ouvir, então grita!

Por um lado, é doloroso quando se olha em volta e se percebe que ninguém quer saber das tuas dores ou que ninguém te pode ajudar a libertar o sofrimento e nesse sentido acaba por haver o sentimento de ser um caminho solitário; por outro lado, é inevitável essa solidão, porque o processo de libertação é individual, ocorrendo de dentro para fora e ninguém o pode fazer por nós.

Existe sempre esperança de que este cenário possa ser diferente, porque, mesmo no caminho solitário e individual, nós fazemos escolhas, e podemos escolher fazer algo diferente, viver as emoções que determinada dor nos traz, mas logo de seguida fazer movimentos de libertação emocional que nos proporcionem mais leveza e serenidade, fazendo as pazes com nós próprios e com os outros, se for o caso.

A dor faz-nos «olhar para dentro», desacelerar, integrar, ganhar um novo ritmo.

Praticar a autocompaixão e o autoamor, serenar o coração e seguir em frente cada vez mais autoconfiantes e fortes, mantendo-nos fiéis à nossa verdade e à nossa essência, é um caminho possível e libertador que pode ser solitário na mesma, mas eficaz, ou acompanhado se considerarmos que faz sentido e que pode ser uma ajuda na superação do sofrimento emocional.

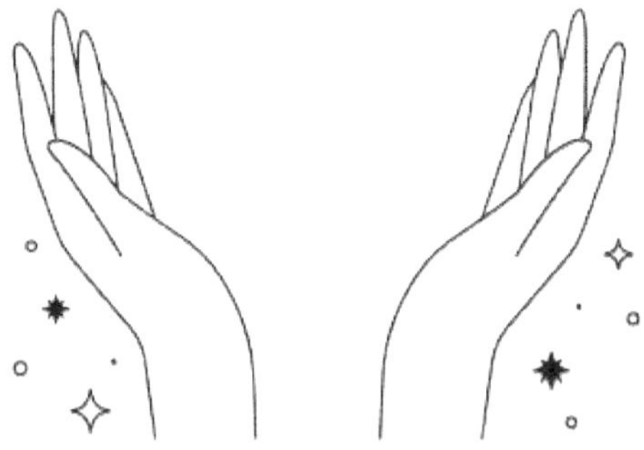



# O CAMINHO PARA A CURA

"Cultivar estados mentais positivos,
como a generosidade e a compaixão,
conduz decididamente a uma melhor saúde mental
e à felicidade."

Dalai Lama

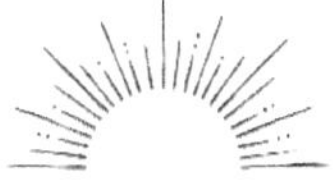

# AUTOCUIDADO CONSCIENTE E INTEGRATIVO

Podes escolher viver em amor, em vez de viveres em dor, por isso é importante ter a noção daquilo que queres para a tua vida e assumir o compromisso de estares diariamente na vibração do amor.

O autocuidado consciente e integrativo é fundamental para o bem-estar físico, mental, emocional, energético e espiritual, devendo-se para isso adotar práticas intencionais e abrangentes que promovam o autocuidado em sintonia com todos os aspetos do teu SER.

O compromisso com práticas diárias de autocuidado integrativo é aquilo que te permite libertar o sofrimento emocional, resgatar o poder e o controlo do teu corpo, mente, emoções, energia e também das tuas dores.

Falamos de uma prática individualizada, em que o que funciona para uma pessoa pode não funcionar para outra. Assim, é importante explorares e experimentar diferentes práticas de autocuidado para descobrires o que mais ressoa em ti.

É basilar que cada pessoa se comprometa consigo própria no processo de superação da dor, adotando práticas de autocuidado multidimensional e de forma sistemática.

Em suma, o autocuidado consciente e integrativo é fundamental para promover um estilo de vida saudável, equilibrado e gratificante, e que está na base da autocura.

Cuidar de nós mesmos a todos os níveis (físico, mental, emocional, energético e espiritual) permite fortalecer o nosso bem-estar, desenvolver relacionamentos saudáveis e encontrar maior satisfação na vida.

O equilíbrio entre a saúde física, mental, emocional, energética e espiritual é a chave para uma vida leve.

Procurar o apoio de um *coach*, mentor ou terapeuta pode ser um passo importante para a recuperação e manutenção da saúde mental e do bem-estar geral individual ou familiar. No entanto, a pessoa por si própria tem competências e capacidades para se autocurar através de ferramentas personalizadas e orientadas por profissionais da área mental.

# MÉTODO LEVITUS: SETE PILARES PARA LIBERTAR A DOR EMOCIONAL

O autocuidado consciente e integrativo é fundamental para que a libertação da dor emocional ocorra.

Ao cuidares de ti estás a permitir-te olhar para a tua essência e a tomar consciência das tuas emoções, e com isso a sentir e a processar a dor emocional.

Os sete pilares que vou abordar são a base do método que desenvolvi, o Método LEVITUS, recorrendo a todo o conhecimento adquirido nos cursos, na especialização de saúde mental, nas pós-graduações e certificações, mas acima de tudo fruto da experiência profissional como enfermeira, de mais de 26 anos a lidar com a dor diariamente e de mais sete como terapeuta integrativa.

Se seguires estes pilares podes efetivamente conseguir reduzir os níveis de sofrimento emocional, obter mais resiliência, ter um maior controlo da tua saúde e promover uma profunda conexão com a tua essência e, deste modo, lidares com a dor emocional de forma mais saudável e natural, conquistando mais leveza e harmonia para a tua vida.

Uma vez que o autocuidado integrativo é um processo individual que varia de pessoa para pessoa, é importante encontrares as práticas de autocuidado que melhor funcionam para ti, para poderes incorporá-las na tua rotina diária.

Poderás começar apenas com algumas práticas e progressivamente ires acrescentando outras que te façam mais sentido e que te tragam melhores resultados. Assim, considero que existem sete pilares importantes que podem ajudar-te a libertar a dor emocional e a ter mais qualidade de vida:

1. **LEVEZA** Praticar o silêncio, a autocompaixão e a gratidão.
2. **EXPANSÃO** Expandir a consciência, o autoconhecimento e o desenvolvimento pessoal.
3. **VITALIDADE** Realizar práticas energéticas.
4. **INTUIÇÃO** Fazer a higiene dos pensamentos.
5. **TRANSFORMAÇÃO** Curar as feridas emocionais.
6. **UNIÃO** Cuidar do corpo e da alma em conexão.
7. **SUPERAÇÃO** Transformar a dor em dom.

Libertar a dor emocional é um processo delicado, que requer consciência e ação. O autocuidado integrativo é uma parte essencial desse processo, que implica foco e consistência para teres resultados.

O Método LEVITUS consiste em práticas e estratégias simples, acessíveis a todos, basta decidires e colocares em prática.

Assim, passo a partilhar contigo o passo a passo do Método LEVITUS, para colocares em prática o autocuidado integrativo de forma consciente e para te ajudar a libertar a dor emocional:

1. **LEVEZA** PRATICAR O SILÊNCIO, A AUTOCOMPAIXÃO E A GRATIDÃO.

Trazer leveza e tornares consciente o teu sentir quando estás em processo de dor é fundamental.

Poderás colocar em prática várias estratégias. Por exemplo: arranja no mínimo 10 minutos por dia só para ti (no momento do dia que te for mais fácil), longe das redes sociais e outras distrações; permite-te silenciar para poderes escutar a tua voz interna, a voz da tua alma, e escreve num papel todas as mensagens que possas ter recebido durante este exercício, mesmo que não te faça sentido.

Depois lê, sente e identifica as emoções ou pensamentos que essas mensagens despertaram em ti.

Mesmo em dor emocional, é importante que faças um movimento de autocuidado e sintas que o mereces, sem medo e sem culpas.

Mima-te todos os dias e pratica a autocompaixão, com gentileza e com bondade.

A prática de gratidão também é um movimento importante para te trazer libertação, leveza e cura.

2. **EXPANSÃO** EXPANDIR A CONSCIÊNCIA, O AUTOCONHECIMENTO E O DESENVOLVIMENTO PESSOAL.

A consciência e o autoconhecimento podem ser desenvolvidos através da leitura, escrita, utilização de terapias integrativas, conexão com a natureza e realização de formações em várias áreas do desenvolvimento pessoal, mas acima de tudo estar em presença na vida.

Quanto mais trabalhares o teu autoconhecimento e tomares consciência das tuas crenças bloqueadoras, mais rapidamente te libertarás das amarras do sofrimento emocional.

Dependendo das tuas crenças pessoais, também pode ser reconfortante recorreres à oração, à meditação espiritual e a rituais de autocuidado.

Quanto mais expandires, a tua consciência e o teu autoconhecimento, mais estarás consciente nas tuas decisões e também a promover o teu autodesenvolvimento, que é algo basilar no processo da cura emocional.

**3. VITALIDADE** Práticas energéticas.

Aumentar a vitalidade do corpo é aumentar e equilibrar a energia.

Nesse sentido, podes utilizar técnicas de relaxamento que funcionem para ti, tais como meditação, respiração consciente, *mindfulness*, ioga, reiki ou qualquer outra prática que te ajude a acalmar a mente, a relaxar o corpo e a regular a tua energia vital.

Outra prática pode ser ir para a natureza fazer «banhos de floresta», «banhos de mar» e/ou ativar o corpo pela dança.

Estas são práticas simples e de fácil acesso à maioria das pessoas, e que podem fazer toda a diferença na tua qualidade de vida.

As práticas energéticas podem ajudar-te a reduzir o stresse e a ansiedade, facilitando a libertação da dor emocional.

Por exemplo, a meditação tem sido utilizada desde há milhares de anos para acalmar a mente e aliviar o stresse emocional.

Através da meditação podes aprender a conetar-te com a tua respiração, observar os teus pensamentos e emoções sem julgamento e cultivar um estado de calma interior.

**4. INTUIÇÃO** HIGIENE DOS PENSAMENTOS.

É importante fazer uma boa higiene dos pensamentos para criar espaço para a intuição e dar voz ao coração.

Por vezes não se dá o devido valor às mensagens intuitivas nem lhes prestamos a devida atenção.

Assim, e para que possas potenciar a tua intuição, realizando uma boa higiene dos pensamentos, sugiro o seguinte:

- Envolve-te em atividades prazerosas e criativas.
- Dedica tempo a fazeres coisas que te tragam alegria e prazer. É importante que sejam atividades de que gostes, como ler, escrever, pintar, ouvir música, costurar, cozinhar, fazer *bricolage*, caminhar na natureza ou ir para a horta, entre outras.

Durante este tipo de atividades poderás ter intuições importantes que te ajudarão a ver situações com mais clareza, ou até mesmo a encontrares respostas e/ou soluções para algumas situações da tua vida. Sugiro que registes numa folha ou caderno tudo aquilo que te fizer sentido neste processo.

Fazer algo de que gostes pode ajudar-te a mudar o foco da tua mente e a libertar pensamentos negativos, proporcionando-te momentos de prazer e alegria.

**5. TRANSFORMAÇÃO** Curar as feridas emocionais.

Teres a coragem de olhar para as tuas feridas emocionais e curá-las será transformador. Para isso é necessário reconheceres as tuas emoções, aceitá-las e expressá-las.

Não negues ou rejeites as tuas emoções, pois isso pode prolongar a dor emocional. Vivenciar as tuas emoções é um passo importante para libertá-las.

Partilhares as emoções com pessoas de confiança, pode também ser bastante benéfico e libertador.

Procura amigos ou familiares com quem te sintas à vontade para conversar. Eles podem oferecer apoio, compreensão e perspetivas úteis para te ajudarem a aliviar a tua dor emocional. Nesta etapa do processo, poderás necessitar de ajuda profissional para facilitar o processo de cura das feridas emocionais.

**6. UNIÃO**: Cuidar do corpo e da alma em conexão.

A união do corpo com a alma, encontrando um ponto de equilíbrio, é condição necessária na superação da dor.

Encontrares formas de cuidares do teu corpo sem culpa e com amor, em conexão com o sentir da tua alma, é essencial e gratificante.

O autocuidado físico tem impacto significativo no teu bem-estar emocional e físico. Se pensares bem, o corpo é a casa da tua alma e ele nunca te abandona, mesmo quando o tratas mal com pensamentos «tóxicos» ou emoções contrativas, mesmo quando deixas de cuidar dele ou o maltratas, comendo porcarias. Já a tua alma, quando sente que cumpriu a sua missão, abandona o corpo.

Cuidar do corpo passa por coisas básicas que estão ao alcance de qualquer um, como:

- ✓ Ter uma alimentação equilibrada.
- ✓ Desfrutar de um sono reparador.
- ✓ Fazer uma automassagem.
- ✓ Colocar creme no corpo.
- ✓ Fazer uma higiene regular e cuidada do corpo.
- ✓ Fazer uma caminhada na natureza.
- ✓ Tomar um banho relaxante.
- ✓ Respirar de forma consciente.
- ✓ Fazer exercício físico.
- ✓ Fazer um *detox* corporal de vez em quando.
- ✓ Evitar substâncias prejudiciais, como tabaco, álcool, açúcar e drogas.

Cuidar do teu corpo ajudará a fortalecer a tua mente e a tua capacidade para lidares com a dor emocional.

Quanto mais trouxeres consciência corporal e autocuidado ao teu corpo, mais ele fica conetado com a tua alma, resultando numa união harmoniosa.

O corpo fala e por vezes mostra-nos sinais enviados pela nossa alma.

Honra a «casa» onde a tua alma mora!

**7. SUPERAÇÃO** Transformar a dor em dom.

A superação da dor não é um evento isolado, mas um processo, composto por etapas que acontecem ao ritmo de cada um.

Este processo é algo que ocorre de dentro para fora, resultando de uma transformação interna proveniente de aprendizagens, aceitação, autocompaixão e autoamor.

Transformar a dor em dom leva tempo, e para isso é necessário passar pela consciencialização, aceitação e ressignificação, ajudar os outros com aquilo que aprendemos, por vezes servindo como inspiração e por vezes também procurando apoio.

Esta última etapa nem sempre se consegue alcançar sozinho/a, podendo ser necessária ajuda profissional. No entanto, sabemos que cada um de nós encerra em si mesmo um grande potencial de autocura.

Mesmo assim, e após trabalhares todos estes sete pilares de autocuidado de forma consciente, se a dor emocional persistir no tempo ou se tornar esmagadora é importante procurares a ajuda de um profissional.

Ingredientes como empatia, compaixão e amor são fundamentais na conexão entre a pessoa em sofrimento e o terapeuta que auxilia no processo.

Ter o acompanhamento de um profissional especializado em saúde mental pode ser extremamente benéfico para ajudar a lidar com a dor emocional. Este poderá ser um facilitador na identificação de padrões de pensamento menos benéficos, na exploração de emoções dolorosas e em prestar apoio e orientação durante o processo de superação, bem como ensinar algumas ferramentas de autogestão emocional no sentido de te empoderar para a libertação do sofrimento emocional.

# TERAPIAS INTEGRATIVAS
# E COMPLEMENTARES

Uma vez que neste livro um dos objetivos é uma abordagem sistémica e integrativa sobre a dor, levando o leitor a amplificar a visão sobre ela, é importante referir que existem terapias integrativas que podem ser complementares a outras formas de tratamento da dor, ou simplesmente funcionarem como medidas de promoção da saúde mental e consequentemente como prevenção do sofrimento emocional.

No entanto, é importante salientar que é recomendado procurar profissionais qualificados e experientes nestas terapias, para se obter orientação adequada e segura. As experiências e os resultados obtidos com estas terapias podem variar de pessoa para pessoa, uma vez que os processos são personalizados e únicos.

Existem várias terapias integrativas, nomeadamente as naturais e ancestrais, que têm sido utilizadas durante séculos para tratar a dor. Estas podem complementar os tratamentos ou atuar a nível preventivo, ou até mesmo trazer cura em algumas situações.

Assim, partilho algumas terapias naturais e ancestrais reconhecidas:

- Medicina Tradicional Chinesa (MTC)

A MTC inclui várias práticas terapêuticas, como acupuntura, acupressão, fitoterapia chinesa e massagem *tui na*. Estas terapias são baseadas no conceito de equilíbrio do fluxo de energia (*qi*) no corpo e são usadas para tratar uma variedade de condições, incluindo a dor.

- Medicina Ayurvédica

Ayurveda é um sistema de medicina tradicional indiana que utiliza uma abordagem holística para tratar a dor. Envolve o uso de ervas medicinais, massagem, técnicas de respiração (*pranayamas*), ioga e mudanças na dieta para equilibrarem os *doshas* (energias vitais) do corpo e promover a cura.

- Medicina Tradicional Africana

Diferentes culturas africanas têm as suas próprias práticas tradicionais para aliviar a dor. Isso pode incluir o uso de ervas medicinais, rituais de cura, massagem, uso de amuletos e práticas espirituais, para promoverem o equilíbrio e a cura.

- Medicina Indígena

Diversas culturas indígenas em todo o mundo têm as suas próprias práticas tradicionais para tratar a dor. Isso pode incluir o uso de plantas medicinais, rituais de cura, técnicas de respiração, danças e cânticos sagrados, para promoverem a cura e a harmonia.

- **Medicina Tradicional Maori**

Esta medicina tradicional da Nova Zelândia usa práticas como massagem (*mirimiri*), uso de plantas medicinais (*rongoa*), rituais de cura e práticas espirituais, para tratarem a dor e promoverem a saúde e o bem-estar.

Estas terapias naturais e ancestrais têm uma base cultural e histórica rica e com bons resultados.

A Organização Mundial da Saúde (OMS)[20] no Plano Nacional de Luta Contra a Dor, já reconhece algumas técnicas energéticas como parte complementar e integrante da medicina tradicional, estando atualmente já identificadas várias terapias integrativas e complementares reconhecidas, que podem ajudar a aliviar e a curar a dor.

O Plano Nacional de Luta Contra a Dor faz referência a técnicas não farmacológicas em que podemos incluir estas terapias integrativas e dá como exemplo a reeducação do doente, a estimulação elétrica transcutânea/TENS, as técnicas de relaxamento e *biofeedback,* a abordagem cognitivo-comportamental, as psicoterapias psicodinâmicas, as estratégias de *coping* e de redução do stresse, os tratamentos pela medicina física e o exercício físico ativo e passivo.

---

[20] DIRECÇÃO¬ GERAL DA SAÚDE — **Plano Nacional de Luta Contra a Dor**. Lisboa : DGS, 2001. ISBN 972942595¬7.

Apresento algumas das terapias integrativas e sistémicas existentes, que são aceites atualmente e utilizadas em todo o mundo, que podem ajudar no alívio da dor, especialmente na dor emocional[21]:

1. Acupuntura
2. Osteopatia
3. Homeopatia/Fitoterapia
4. Naturopatia
5. Quiropraxia
6. Auriculoterapia
7. Reflexologia
8. Kinesiologia
9. Iridologia
10. Aromaterapia
11. Constelações Sistémicas
12. Reiki
13. Ioga
14. Qi Gong
15. Tai Chi
16. Shiatsu
17. Toque Terapêutico
18. Massagem Terapêutica
19. Biofeedback
20. Meditação
21. Hipnoterapia
22. Musicoterapia
23. Dançoterapia
24. Terapia de Movimento

---

[21] GUSTAFSON, Christine; REN, Zhuoling; MACEOIN, Beth; KIEFER, David — **Guia prático de medicina alternativa: alívio da dor**. Nascente, 2017. ISBN 9789898855824.

Embora ainda existam outras terapias, estas já são amplamente utilizadas e algumas com evidência em estudos científicos. Contudo a eficácia e a segurança podem variar nos diferentes indivíduos e de acordo com distintas condições de saúde.

# O PODER DA AUTOCURA

O poder da autocura[22] é a capacidade que cada indivíduo tem de se curar a nível físico, mental, emocional, energético e espiritual. A autocura pode desempenhar um papel fundamental no processo de cura, pois todo o movimento que possas fazer nesse sentido irá permitir-te superar muito mais rápido o sofrimento mental e a recuperar a tua saúde.

Por exemplo, existem algumas atividades que podem acelerar a neuroplasticidade cerebral, desencadeando mudanças epigenéticas que promovem a autocura. Também resgatares a conexão com a natureza a fim de fortaleceres, de maneira efetiva, o sistema imunológico é outra forma de autocura. Até as dores são um caminho de autocura, na medida em que elas se apresentam como desafios e mostram-nos aspetos que temos de trabalhar em nós, para podermos transformar e evoluir.

Assim, existem várias formas de explorar e cultivar o poder da autocura:

**1. Autoconhecimento** Conheceres-te a ti mesmo é o primeiro passo. Explorar as tuas emoções, crenças, padrões de pensamento e comportamentos. Teres abertura para questionar,

---

[22] WALLACE, Lima — **O poder da autocura: a física quântica pode ajudá-lo a ter uma vida sem doenças e com saúde**. São Paulo, 2021. ISBN 978657755440737.

refletir e aprender mais sobre ti e como esses aspetos podem influenciar a tua saúde e o bem-estar.

**2. Autocompaixão** Pratica a autocompaixão e autoaceitação incondicional. Aceita quem és e mima-te todos os dias. Não te julgues ou autocritiques negativamente.

**3. Autoaceitação** Aceita-te integralmente, com todas as tuas imperfeições e partes que precisam de ser curadas. Reconhece que és um ser único e valioso, independentemente das circunstâncias ou experiências passadas.

**4. Autocuidado** Prioriza, diariamente, o autocuidado na tua vida. Isso inclui cuidar do teu corpo através de uma alimentação saudável, exercício físico regular, descanso adequado e práticas de relaxamento. Além disso, cuida da tua mente e do teu espírito através de práticas como meditação, ioga, leitura inspiradora e passar tempo ao ar livre, entre outros.

**5. Visualização e afirmações positivas** Utiliza a visualização criativa e afirmações positivas para focares a mente na cura. Visualiza-te saudável, feliz e em paz. Repete afirmações positivas que reforcem a tua capacidade de cura e para alcançares o bem-estar emocional e físico.

**6. Respiração consciente** Respirar profunda e conscientemente pode ajudar-te a acalmar a mente e a relaxar o corpo. Por exemplo, inspirares de forma intencional e profunda leva mais oxigénio para o corpo, o que pode reduzir a tensão e a ansiedade, e expirar é uma forma de libertares o stresse e a tensão acumulados. Sugiro que, ao expirares profundamente, imagines que estás a libertar o ar e ao mesmo tempo a deixares ir toda e qualquer tensão ou preocupação. Experimenta e verás como te sentirás mais leve.

**7. Libertação emocional** Permite-te sentir e libertar as emoções reprimidas ou contrativas. Isso pode ser feito através de práticas como expressão artística, terapia de escrita, terapia do som, movimento do corpo ou simplesmente permite-te chorar e libertar as emoções que estão sufocadas.

**8. Conexão espiritual** Cultiva uma conexão com a tua espiritualidade, seja através de práticas religiosas, meditação, conexão com a natureza ou qualquer outra com que te identifiques. A espiritualidade pode oferecer-te um sentido de propósito e significado, bem como apoio emocional e cura profunda.

Louise Hay[23] é um exemplo concreto do poder da autocura. Fundadora do desenvolvimento pessoal, e mundialmente reconhecida pelo seu método que resultou da sua experiência com o cancro, tendo conseguido superar a doença e o sofrimento emocional com técnicas de autocura com base em afirmações, visualizações e na psicoterapia, apresenta-nos uma série de afirmações e visualizações poderosas que foram testadas por ela no seu processo de cura e que são utilizadas por imensas pessoas em todo o mundo.

Por exemplo, o Ho'oponopono também é uma prática de reconciliação e perdão que pode ser aplicada para promover a autocura. A palavra «Ho'oponopono» significa «corrigir um erro» ou «tornar certo» em havaiano. Esta prática foi desenvolvida por Kahuna Lapa'au Morrnah Nalamaku Simeona (1913–1992), no entanto ganhou grande visibilidade com o Dr. Ihaleakala Hew Len, um psicólogo havaiano.

---

[23] HAY, Louise L. — **Pode curar a sua vida**. Pergaminho, 2013. ISBN 978972711.

A ideia central desta prática é assumir a responsabilidade por tudo o que acontece na nossa vida e procurar a cura através do perdão, da reconciliação e da libertação de padrões negativos. Esta prática tem por base a autorresponsabilização, o arrependimento, o perdão, a gratidão e o amor.

Colocar em prática o Ho'oponopono implica repetir durante vários dias seguidos uma espécie de mantra para a qual podemos utilizar um *japamala,* que é uma espécie de terço com 108 contas. Para tirar mais benefícios desta prática, esta deve ser utlizada de forma contínua e incorporada na tua vida diária como uma forma de manter a harmonia e a cura. Se tiveres interesse em explorar o Ho'oponopono mais a fundo, existem livros e cursos disponíveis.

O compromisso de cada um, no seu processo de autocura, é fundamental, pois temos de fazer a nossa parte no tratamento de qualquer doença ou superação de sofrimento emocional. Contudo, a autocura não é um processo linear e pode exigir tempo, paciência e persistência.

No entanto, é certo afirmar que cada pessoa tem um potencial de autocura incrível dentro de si e que por vezes está adormecido, só precisa de ser ativado. Quando isso acontece, o processo de autocura decorre num ritmo próprio e com aspetos particulares para cada pessoa. Assim sendo, é importante que sejas gentil contigo durante todo o caminho. Se necessário, não hesites em procurar apoio profissional para te ajudar.

# A CONEXÃO CORPO/ALMA

A conexão entre o corpo e a alma é um tema que tem sido debatido e explorado em diversas tradições filosóficas, religiosas e espirituais. Contudo, ainda não existe um consenso absoluto sobre as formas como acontece esta conexão.

A ideia de conexão entre corpo-alma refere-se à interação entre a dimensão física e a dimensão não-física (mental e/ou espiritual) do ser humano.

A dor emocional, também conhecida por dor d'alma, resulta de uma desconexão entre o corpo e a alma. Esta desconexão pode trazer doença física e/ou mental, só que ainda não se fala muito disto, especialmente na medicina convencional.

Para que o ser humano possa estar consciente das suas dores e vivenciá-las naturalmente, é necessário que a alma e o corpo estejam em harmonia e conetados.

Quando se consegue criar uma sintonia harmoniosa entre o corpo e a alma, ou seja, quando a pessoa se coneta com a sua essência, vive em verdade e não se deixa dominar pelas suas dores, passando a ter mais prazer e alegria na vida, porque consegue elevar a sua energia e vibrar cada vez mais na energia do amor, que é poderosa.

No contexto de muitas tradições religiosas, a alma é eterna e o corpo a sua habitação temporária. Dito por outras palavras, a conexão entre o corpo e a alma é vista como uma parceria em que o corpo serve de veículo ou instrumento para a alma viver uma experiência terrena. Mas também se considera que o corpo é um templo sagrado que deve ser muito bem cuidado, para facilitar essa conexão.

Cuidar do corpo e da alma é essencial para alcançar um estado de equilíbrio e bem-estar.

Por outro lado, existem perspetivas filosóficas e científicas que veem a mente como um produto do funcionamento do cérebro e do sistema nervoso, sem uma entidade espiritual separada. Nesta visão, a conexão entre o corpo e a mente/alma é vista como uma relação de interdependência, em que os processos físicos e biológicos do corpo influenciam diretamente os nossos pensamentos, emoções e experiências subjetivas.

É possível usar a mente e os métodos mentais para curar as doenças do corpo, do coração e da alma. A ciência demonstra que os «impulsos mentais» (pensamentos e sentimentos) podem converter-se em mensagens neurais na forma de «moléculas bioquímicas mensageiras». Essa conversão entre pensamento e neuroquímica ocorre numa região do cérebro chamada sistema límbico-hipotalâmico.

Estudos realizados na Escola de Medicina da Universidade Washington em St. Louis (EUA) demonstram que a mente e o corpo estão unidos por moléculas mensageiras, como por exemplo a Interleucina-2, que são consideradas o denominador comum entre a medicina biológica e a psicoterapia, tendo a função de estabelecer a conexão entre emoções, sensações, pensamentos e imagens da consciência aos mecanismos moleculares e genéticos do corpo.

Uma mente treinada, consciente deste processo, pode interagir com esses padrões de conexão mente/corpo, corrigindo disfunções e otimizando seus processos, amplificando-os. Para isso é preciso treinar através de algumas práticas, tais como:

- ✓ *Mindfulness*.
- ✓ Respiração consciente.
- ✓ Treinamento autógeno.
- ✓ Ioga.
- ✓ Meditação.
- ✓ *Biofeedback* e muitas outras técnicas que ajudam a conetar o corpo e a mente.

Conetar a alma e o corpo envolve reconhecer e aceitar plenamente as emoções e as sensações físicas que surgem. Por exemplo, a dor emocional poderá manifestar-se através de sinais corporais e sensações físicas, através de uma tensão muscular, de dor física ou desconforto. Ao reconhecer e aceitar estes sinais estás a permitir o contacto com as tuas emoções e a começar o processo de cura.

A conexão entre o corpo e a alma é um assunto profundo e pessoal, e cada indivíduo pode encontrar o seu próprio significado e compreensão com base nas suas experiências, crenças e perspetivas únicas.

A conexão entre a alma e o corpo permite que integres todas as partes de ti mesmo — física, mental, emocional, energética e espiritual. Quando essas partes estão em equilíbrio e alinhadas, há uma maior harmonia interna e uma sensação de bem-estar.

Ao conetar a alma e o corpo estás a criar um espaço seguro para a expressão e a libertação de emoções reprimidas, pois muitas vezes a dor emocional está ligada a experiências passadas não processadas.

A conexão entre a alma e o corpo aumenta a sensibilidade e a autocompaixão. Quando estás mais consciente das sensações físicas e emocionais do teu corpo, podes responder com gentileza e cuidado. Isso inclui ouvir as necessidades do teu corpo, descansar quando necessário, fazer uma alimentação adequada e praticar o autocuidado.

Esta conexão permite que acedas às tuas sabedoria interior e intuição, impulsiona a tua capacidade de tomar decisões alinhadas com a tua essência e seres autêntico/a. Quando estás sintonizado/a e consciente do teu corpo podes identificar com mais facilidade os sinais para seguires o melhor caminho para ti.

Para fortalecer a conexão entre a alma e o corpo ainda podes explorar outras práticas como dança, terapia corporal, terapia artística ou qualquer atividade que ajude a criar uma maior ligação entre o teu EU interior e o teu corpo.

Por tudo que foi referido, é fácil compreender o quanto esta conexão é fundamental para te libertares da dor emocional e para teres uma saúde global.

Lembra-te de que cada pessoa tem a sua própria jornada de conexão corpo/alma, por isso desafio-te a experimentares diferentes abordagens e a encontrares o que funciona melhor para ti, mas entra em ação, agora, para começares a ter resultados!

# NADA DURA PARA SEMPRE

Como já vimos, existem várias práticas naturais e ancestrais que podem ajudar a aliviar o sofrimento emocional. Contudo, existem alguns exercícios e práticas que costumo utilizar ou sugerir aos meus clientes ou alunos nos cursos/formações sobre gestão emocional, fáceis de colocar em prática em casa e que gostaria de partilhar contigo, tais como:

### 1 — Reprogramar a mente

Tornar a mente nossa aliada é algo que pode ser trabalhado. Existem técnicas para reprogramar a nossa mente e treiná-la, nomeadamente muitas delas utilizadas em Programação Neurolinguística (PNL), para promover o nosso bem-estar e libertar as sensações desagradáveis resultantes de situações contrativas, que nos fazem vivenciar emoções que nos podem conduzir a estados de sofrimento.

Também temos as Terapias do Campo de Energia Emocional como é o caso da Técnica de Libertação Emocional-EFT (*Emotional Freedom Techniques*), também conhecida como *Tapping*. A EFT combina elementos da acupuntura e da psicologia para ajudar a aliviar o stresse, a ansiedade, as emoções contrativas e até mesmo a dor física. Assim, deixo-te uma sugestão com a **prática 1#**.

*Prática 1#* —Técnica de Libertação Emocional-EFT — Disponível na pág. 179 nos Recursos ✎

## 2 — Mantras

Os mantras comtemplam vários benefícios, já comprovados pela ciência. Existem vários tipos de mantras, depende do que precisas de trabalhar em ti. Por exemplo a técnica do Ho´oponopono, falada anteriormente, que visa trabalhar a reconciliação e o perdão, através da repetição de quatro frases simples que funcionam como mantras *(«Sinto muito», «Eu perdoo-me», «Eu Amo-me» e «Sou grato/a»)*, pode ajudar-te a libertar bloqueios emocionais e a promover uma conexão mais harmoniosa contigo próprio e com os outros. Há quem repita diariamente este mantra 108 vezes em processos curativos e com a ajuda de um *japamala*. Existem estudos que demonstram o quanto esta técnica é poderosa.

A ciência diz-nos que 95% da mente que utilizamos é a mente subconsciente, onde «vivem» as nossas memórias emocionais e traumas, sendo que só 5% é de atuação da mente racional. A proposta é que, recorrendo a mantras, purifiques as memórias que te causam dor emocional.

Neste livro deixo-te a **prática 2#,** com um mantra que pode ser utilizado para te libertares de alguns vícios invisíveis da mente, que poderão causar-te dor emocional. Vícios esses que podem criar estados inconscientes de dor emocional ou a causar dor no outro.

*Prática 2#* Mantra para libertar os vícios invisíveis da Mente — Disponível na pág. 180 nos Recursos

### 3 — Terapia do riso

A terapia do riso é conhecida em todo mundo, bem como os seus benefícios na libertação emocional, permitindo alcançar estados emocionais de leveza e alegria. Por vezes as pessoas deixam de sorrir, ou riem muito pouco e/ou passam mais tempo do seu dia em emoções contrativas e nem sequer se apercebem desse facto, ou ficam demasiado tempo no registo de «reclamar» e/ou «criticar». A questão é que elas estão por vezes nesse processo de forma inconsciente, causando danos a si mesmas.

Rir é muito libertador e restaurador, e além disso também gasta calorias e trabalha vários músculos. Rir promove a libertação de hormonas de bem-estar e prazer. Assim, desafio-te a fazeres a **prática 3#,** que te pode trazer clareza sobre a tua relação com o riso.

*Prática 3#* Rir: movimento de libertação e cura — Disponível na pág. 180 nos Recursos

### 4 — Recorrer a plantas

As plantas têm um poder curativo fantástico e um potencial enorme na cura emocional e energética. Pode-se usufruir do poder curativo das plantas através vários formatos: infusões, aromaterapia, fitoterapia, fitoenergética, homeopatia e pela alimentação, entre outras. Para a **prática 4#,** sugiro algumas plantas que atuam no campo emocional e que tu escolherás de acordo com as tuas necessidades.

*Prática 4# Infusões* de plantas que curam — Disponível na pág. 181 dos Recursos

## 5 — Práticas energéticas

Quando utilizadas de forma sistemática e consciente, contribuem para o aumento e equilíbrio da energia vital. Na escola ensinam muita coisa, mas infelizmente não dedicam tempo à «higiene energética», contudo, temos vindo assistir a um despertar para práticas energéticas e cada vez mais a pessoas que as praticam. Deixo-te uma sugestão com a **prática 5#**, recorrendo ao poder da visualização.

*Prática 5#* Limpar e energizar — Disponível na pág. 181 dos Recursos 🖉

## 6 — Meditação

A meditação não tem de ser difícil ou em formato rígido, nem tão-pouco realizada sentado/a no chão de pernas cruzadas em posição de lótus. Pode ser realizada em qualquer lugar, na posição mais confortável para ti, no teu melhor momento e, acima de tudo, a condição necessária é ser um momento em que te permites autocuidar e sentires. Nos Recursos podes encontrar duas meditações guiadas por mim (deverás ouvir preferencialmente com auscultadores) para e experienciares no teu tempo, ao teu ritmo e para sentires os benefícios da meditação.

*Meditação 1#* Meditação Guiada de Autocuidado: aumenta a tua autoestima e poder pessoal

*Meditação 2#* Meditação das dores emocionais e ancestrais

Disponíveis na pág. 183 dos Recursos 🖉

Coloca hoje na tua agenda tempo para práticas diárias de autocuidado e atividades que te tragam conforto e bem-estar, como exercício físico, meditação, terapias, contacto com a natureza, sono de qualidade, alimentação equilibrada, tempo em família, *hobbies* ou qualquer outra coisa que te traga prazer e te permita encontrar facilmente o equilíbrio interno.

Para criares uma VIDA MAIS LEVE, é necessário que te comprometas contigo e com a tua transformação, é importante viveres em presença e, acima de tudo, praticares a coerência contigo e assumires o compromisso dos teus processos de autodesenvolvimento.

De que serve fazer cursos de desenvolvimento pessoal, frequentar *workshops*, retiros, pertencer a «grupos/tribos» e fazer só de vez em quando algumas destas práticas, se depois não estás consciente nos processos da tua vida e voltas ao estado de piloto automático no teu dia a dia, sem te nutrires, sem parares, sem presença, sem colocar em prática o que aprendeste?

*De que vale investir em tanta formação se depois não colocas em prática?* Eu já fui assim, fazia cursos uns atrás dos outros, queria saber mais e mais, a verdade é que enquanto estava em formação sentia realmente impacto e mudanças em mim, mas depois não aplicava essas práticas de forma sistemática e consistente no meu dia a dia, levando a que não conseguisse os resultados que desejava.

É importante estares em presença e consciente nos teus processos de transformação, e estas práticas só serão eficazes e terão valor se forem levadas para a tua VIDA DIÁRIA! Pois o palco da vida é que é o verdadeiro retiro espiritual e onde tudo acontece!

Nada dura para sempre e a dor também não tem de ser eterna. Aquilo que escolhes fazer com as tuas dores é uma decisão tua.

Tu escolhes! Podes permanecer na dor ou entrar já em ação com algumas práticas diárias.

*Capítulo 5*

# O PODER ALQUÍMICO DA DOR

*"Não devemos permitir que alguém saia da nossa presença sem se sentir melhor e feliz."*

Madre Teresa de Calcutá

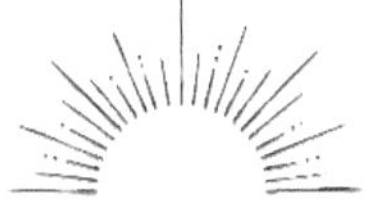

# RESSIGNIFICAR

Ressignificar significa atribuir um novo significado ou interpretação a uma experiência, evento ou situação. É uma forma de olhar para algo de uma perspetiva diferente, para encontrar um sentido mais positivo, construtivo ou útil.

Imagina que enfrentas um processo de rutura doloroso em relação a alguém ou a algo. Inicialmente poderás sentir tristeza, mágoa, raiva e/ou rancor. No entanto, ao longo do tempo, imagina que decides ressignificar, dar novo sentido a esta experiência dolorosa, e em vez de te focares apenas na dor e na perda, irás começar a olhar para o processo de separação do teu parceiro/a ou situação de vida/circunstância como uma oportunidade de crescimento pessoal e de autoconhecimento.

Acabas por perceber e integrar no teu íntimo, na tua essência, nos teus subconsciente e consciente, que o fim do relacionamento ou situação de vida/circunstância, pode fazer emergir questões importantes que precisam de ser trabalhadas. Permitindo que trabalhes em ti e percebendo ao mesmo tempo que a separação ou situação de vida/circunstância, pode ser a oportunidade de aprenderes mais sobre as tuas próprias necessidades, limites e desejos para um relacionamento ou para uma situação de vida mais saudável e equilibrada a vários níveis. Por vezes este tipo de situações, pode fazer com que a pessoa passe a aproveitar mais o tempo, para se reconetar consigo mesma e investir mais nos seus interesses.

Dar um novo significado à dor poderá permitir ver com mais clareza e trazer aceitação, ajudando no processo de superação, mas para isso também é necessário mudar a forma como entendemos e lidamos com o fenómeno da dor na nossa vida.

Olhar para a dor apenas como algo negativo e indesejável não é a melhor forma de a superar. Sugiro que explores outros significados para as tuas dores e assim faças o movimento para ressignificá-las.

Este movimento de clareza pode levar-te a um caminho de crescimento e a superares a experiência dolorosa sem tanto sofrimento.

A ressignificação da dor tem por base dois princípios fundamentais:

1. **Reconhecimento emocional**. É um dos primeiros passos a teres em consideração. Em vez de evitares ou reprimires a dor, é importante reconheceres e validares as emoções associadas a ela. Permite-te sentir a tristeza, a frustração, o medo ou qualquer outra emoção que possa surgir. Ao fazeres isto estarás a reconhecer a dor como uma parte legítima da tua experiência humana.

2. **Aceitação e adaptação**. Numa etapa seguinte será fundamental trabalhares a aceitação e a adaptação. Aceitares a presença da dor e adaptares-te a ela pode ajudar a diminuir a tua resistência e o próprio sofrimento emocional. Em vez de lutares contra a dor e esta ser o foco, mais importante é criares estratégias para te adaptares à nova realidade e encontrares formas de seguir em frente com os recursos que possuis, construindo um caminho mais leve e libertador.

Sem dúvida que a dor pode ser uma oportunidade de crescimento e desenvolvimento pessoal, pois ao ressignificares as tuas dores ou as dos outros, vai ajudar-te a enfrentar os desafios, e por vezes até poderás descobrir forças dentro de ti que nem sabias que existiam. Isso poderá levar-te a refletir sobre o que a dor te estará a ensinar, bem como sobre as aprendizagens que poderás extrair dessa experiência e como ela poderá moldar a tua perspetiva e valores.

Partilhar a dor com outras pessoas de confiança pode ajudar-te no processo de ressignificação da mesma. Nomeadamente, procurar ajuda emocional nos amigos, familiares, grupos de apoio ou terapeutas pode ajudar-te imenso neste processo. Bem como ouvir histórias de outras pessoas que passaram por situações semelhantes pode trazer-te esperança e inspiração.

Quando estás num processo de dor é muito importante cuidares de ti. É aqui que reforço novamente a importância de implementares na tua vida práticas de autocuidado diárias. Isso inclui cuidares da saúde física, mental, emocional, energética e espiritual.

Lembra-te de que a ressignificação é um processo individual e que pode ser lento. Dá tempo ao tempo, pois superar a dor emocional é um processo que tem um ritmo próprio que deve ser respeitado. Podes fazê-lo de forma individual, através da reflexão pessoal e da busca de novas interpretações, ou podes ser guiado/a por um profissional, como um terapeuta, que pode auxiliar no processo de encontrar significados mais positivos e construtivos.

Se a dor persistir, ou interferir significativamente na tua qualidade de vida, recomendo vivamente que procures ajuda profissional, a fim de obteres apoio especializado para ajudar-te a enfrentar e a superar a dor emocional.

# VIVER COM LEVEZA E HARMONIA

Superar a dor e encontrar mais leveza na tua vida é um processo desafiador, mas possível.

É importante que te permitas sentir a dor, reconhecê-la e aceitá-la como parte da tua experiência humana. Evitares ou negares a dor pode prolongar o seu impacto negativo. No entanto, tens o direito de escolher se queres viver sem dor e sofrimento, com alegria, na vibração do amor e da gratidão.

Como diz Inês Seibert, *«só depois que se aprende que algumas dores vêm para ensinar é que a gente transforma a pena de si mesmo em* ASAS *para voar»*.

Conforme temos vindo a ver, priorizar o autocuidado diário e refletir sobre as lições aprendidas com as experiências dolorosas vividas pode conduzir-te a reavaliares as tuas prioridades e valores.

Encontrares um propósito ou significado nessas experiências pode ajudar-te a encontrares uma nova perspetiva, visão e leitura do fenómeno da dor.

Aprenderes a dizer «não» quando é necessário e definires limites claros nos relacionamentos, no trabalho e em todas as atividades irá contribuir para que direciones a tua energia para coisas que são realmente importantes, nomeadamente respeitares o teu ritmo evolutivo e de metamorfose.

Cada pessoa é única e o processo de superar a dor e encontrar leveza pode variar, mas de certeza que tudo vai acontecer no tempo e na hora certa.

Algumas coisas são inadiáveis, e viver em paz e com leveza é uma delas. Trazer leveza e harmonia à vida é um processo contínuo e individual. Assim, deixo aqui algumas sugestões que podem ajudar:

1. **Simplificar** Descomplica a tua vida, para lhe trazeres uma sensação de leveza e tranquilidade. Avalia as tuas prioridades e elimina o excesso de compromissos, objetivos e tarefas que não agregam valor ou trazem stresse desnecessário.

2. **Praticar o autocuidado** Reserva um tempo regular para te cuidares. Isso pode incluir atividades como exercícios, meditação, leitura, música, banhos relaxantes, *hobbies* criativos ou alguma coisa que te traga alegria, prazer e relaxamento.

3. **Cultivar relacionamentos saudáveis** Os relacionamentos positivos e saudáveis podem trazer harmonia à tua vida. Prioriza conexões significativas com pessoas que te apoiam, inspiram e incentivam no teu crescimento pessoal.

4. **Encontrar equilíbrio** Procura um equilíbrio saudável entre trabalho, descanso e lazer. Equilibra as tuas responsabilidades com momentos de descanso e diversão, respeita os teus limites e aprende a dizer «não» quando for necessário.

5. **Cultivar a gratidão** Pratica a gratidão regularmente pode trazer perspetivas mais positivas e mais leves. Agradece pelas coisas simples e pelas bênçãos presentes na tua vida. Isso pode ajudar-te a cultivar e a expandir uma mentalidade de abundância.

6. **Viver o momento presente** Aprende a estar presente no momento atual, em vez de te preocupares com o passado ou o futuro. A atenção plena pode ajudar-te a reduzir o stresse e trazer uma sensação de calma e harmonia.

7. **Cultivar *hobbies* e interesses** Dedica tempo para atividades que te tragam prazer e satisfação. Encontra *hobbies* e interesses que te inspirem e ajudem a sentires-te mais leve e com mais harmonia interior.

8. **Conetar com a natureza** Passa tempo ao ar livre, em conexão com a natureza, para teres uma sensação de paz e serenidade. Aproveita para caminhar, fazer piqueniques, meditar ou simplesmente relaxar num ambiente natural.

9. **Praticar a autocompaixão** Trata com compaixão as tuas falhas e imperfeições, mas também valorizando as tuas qualidades e conquistas. Permite-te aprender e crescer com os teus erros e desafios.

Fazer o movimento de trazer leveza e harmonia à tua vida pode ser na realidade um processo desafiante, mas também de crescimento pessoal, sendo algo único e potenciador. Assim, sugiro que neste movimento de mudança e de desenvolvimento pessoal explores as diferentes práticas, técnicas e estratégias, descobrindo o que funciona melhor para ti.

# ACEITAR, PERDOAR, AGRADECER

A dor não escolhe hora ou dia. Às vezes surge de rompante na tua vida e sem aviso prévio, puxando-te o tapete.

- ✓ *Dói quando perdes alguém?*
- ✓ *Dói quando não encontras sentido na tua vida?*
- ✓ *Dói quando queres dar e não podes, porque estás vazio/a de ti?*
- ✓ *Dói quando te sentes isolado/a e sem rumo?*
- ✓ *Quantas vezes já sentiste isto?*

Eu já o senti várias vezes, no entanto atualmente estou muito mais consciente das minhas dores emocionais, já as conheço e sei como lidar com elas sem me causar tanto sofrimento. A clareza que ganhei ao longo do tempo fez com que eu conseguisse gerir melhor o sofrimento na minha vida, resultante de vários tipos de dor, principalmente da dor emocional.

Pela minha experiência pessoal e profissional posso afirmar que é possível aliviar o sofrimento causado pela dor, apenas pelo simples facto de conseguirmos ver a dor com mais clareza, identificarmos a sua tipologia e compreendermos a sua origem, podendo ser bastante libertador!

Durante muito tempo não consegui ver ou identificar as minhas dores, e isso levou-me a um estado de dor emocional que afetou todas as áreas da minha vida, ao ponto de me causar uma doença física autoimune. Foi isso que me fez parar: foi preciso chegar ao extremo da dor, para entrar em ação e perceber que precisava de ajuda, mas principalmente aceitar receber essa ajuda.

Hoje entendo melhor o fenómeno da dor e o processo necessário para superá-la, graças à minha resiliência e a todo um investimento que fiz em autoconhecimento e desenvolvimento pessoal.

Muitas das pessoas que procuram a minha ajuda vêm ter comigo numa situação delicada e já com um elevado nível de sofrimento. De facto, quando a dor se torna insuportável e está a bloquear a vida da pessoa esse parece ser o momento-limite para muitas pessoas aceitarem que precisam de ajuda.

A aceitação e o compromisso são dois temas essenciais desta questão e merecem reflexão.

Se por um lado temos pessoas que chegam a um extremo de dor e são capazes de pedir ajuda, por outro podemos ter pessoas que nem sequer têm forças para o fazer, morrendo em vida ou mesmo desejando pôr fim à própria vida. E esse sentimento não escolhe idade.

*O que leva as pessoas a chegar a este extremo?* Certamente muitas razões e circunstâncias diferentes, mas também todo um conjunto de crenças bloqueadoras e o facto de não praticarem o amor-próprio, de não aceitarem algumas coisas, de não se perdoarem a si ou aos outros, e de não agradecer todas as bênçãos das suas vidas, perdendo-se de si próprias e o do seu poder interior.

Se não conseguires lidar com o sofrimento sozinho/a é fundamental aceitares ajuda. Mas sem dúvida que pedir ajuda é um ato de coragem e humildade.

Para um cuidador nato, que está habituado a dar continuamente, é desafiante reconhecer as suas fraquezas e aceitar ajuda, porque lida melhor com as dores do outro do que com as suas, pelo que, nestes casos, aceitar receber ajuda também é um ato de autoaceitação.

O perdão, em relação a ti mesmo e aos outros, pode ser um processo poderoso para libertar a dor e encontrar paz interior. Perdoar não significa esquecer, mas deixar de lado o peso emocional que a dor pode trazer.

Nutrires ressentimentos ou sentimentos negativos, só prejudica a tua saúde emocional e faz crescer dentro de ti aquilo a que chamo «lixo emocional», que até te pode fazer engordar fisicamente.

Praticares a gratidão diariamente, com o foco nas coisas positivas da vida, mesmo nos momentos mais desafiantes, pode ajudar-te a aliviar a tensão emocional e trazer mais leveza.

Aceitares receber ajuda, e poderes vivenciar o processo com empenho e determinação, são ingredientes essenciais para avançares passo a passo num processo de transformação e superação da dor emocional.

Reconheço que este processo é desafiador, mas igualmente muito transformador e libertador, pois é necessário passar por todas as etapas, inclusivamente indo até à sombra para poder emergir na luz, e assim resgatar o poder interior e conquistar mais leveza e harmonia, com amor no coração!

# DOR, FÉ E ESPERANÇA

*O que seria da dor sem a esperança? O que seria do sofrimento quando tudo parece perdido sem a fé?*

Por vezes o sofrimento é tanto, e sentimo-nos tão perdidos e sem rumo, que a única coisa que nos sustém é a fé.

Quando dói de mais na alma e perdemos as forças, até ficarmos como que anestesiados, a nossa mente fica a mil e até parece que não sentimos o corpo.

Existem várias evidências de que a fé é uma âncora que pode levar mais sentido à vida e ajudar a superar o sofrimento causado pela dor.

Depois de bater no fundo só nos resta subir e esta subida é escolha nossa. Existem pessoas que, apesar de todo o tipo de ajuda, não sobem. Sabes porquê? Porque querer subir, ultrapassar, curar e transformar é uma escolha. A dor é inevitável, mas sofrer é uma escolha. Pessoas perante o mesmo tipo de desafio, de sofrimento, escolhem e decidem de forma diferente, pois a sua fé também é diferente.

Existem vários investigadores no mundo que continuam a estudar a relação entre a fé e a superação de doenças, e consequentemente a libertação do sofrimento.

É comum verificar que na cura emocional existe uma correlação com a fé e a cura, como por exemplo nos casos de cancro, pois esta é um fenómeno que promove a libertação de defesas naturais, aumentando a capacidade do sistema imunitário. Por sua vez, também sabemos que ajuda a aumentar a esperança, o que perante um momento de grande sofrimento faz toda a diferença, levando a pessoa a acreditar na possibilidade de cura e libertação da dor emocional.

A relação entre a dor, a fé e a esperança pode ser complexa e variar de pessoa para pessoa, dependendo das suas crenças, experiências e perspetivas individuais.

A dor muitas vezes desencadeia uma busca por significados e respostas para o sofrimento. Neste contexto, a fé pode desempenhar um papel importante, pois oferece conforto emocional e espiritual para lidar com eventos dolorosos.

Acreditar numa força superior, num propósito maior ou numa ordem divina pode ajudar a enfrentar o sofrimento causado pela dor, fornecendo uma perspetiva de esperança, sentido e apoio.

Por outro lado, a dor intensa pode abalar a fé de tal forma que algumas pessoas, quando confrontadas com um evento altamente doloroso, podem questionar a sua crença num poder superior ou numa ordem divina benevolente, podendo gerar dúvidas e questões profundas que levam à perda da fé ou a uma reavaliação das convicções religiosas.

A fé está intrinsecamente ligada à esperança. Acreditar em algo maior pode alimentar a esperança de que as coisas irão melhorar, mesmo perante situações dolorosas.

A fé pode fornecer uma base para a esperança, oferecendo uma perspetiva de futuro mais otimista e um sentido de propósito.

A esperança pode ser uma força poderosa que impulsiona as pessoas para superarem a dor e a adversidade. Ela pode fornecer a energia necessária para enfrentar desafios, procurar soluções e trabalhar em direção a um futuro melhor. Esta pode ser particularmente importante em momentos de dor intensa, fornecendo um fio de otimismo e a possibilidade de renovação e cura.

Nesse sentido, a experiência da dor também pode ser vista como um teste de fé e esperança.

Enfrentar situações dolorosas pode desafiar as convicções religiosas e a esperança numa resolução rápida. No entanto, algumas pessoas encontram força e crescimento espiritual ao enfrentarem desafios, fortalecendo a sua fé e a esperança nesse processo.

É importante lembrar que a relação entre dor, fé e esperança é altamente individual e subjetiva. Cada pessoa pode vivenciar e interpretar esses elementos de maneiras únicas, dependendo das suas experiências, valores e crenças pessoais, sendo que na espiritualidade não há pressa, há amor!

# QUANDO A TRANQUILIDADE VEM

Como se costuma dizer, «depois da tempestade vem a bonança». O mesmo se passa quando o sofrimento emocional é libertado e torna a reinar a paz e a leveza na nossa vida.

Quando se está em dor d'alma e sofrimento emocional contínuo, as coisas não têm o mesmo sabor, o nível de prazer é baixo ou inexistente, o riso é forçado e a vida perde sentido.

Questiona-se o motivo dessa dor, ou o que ela nos está a tentar ensinar, e se conseguirmos ressignificá-la o sofrimento torna-se mais leve e passa mais rapidamente.

Recuperar a tranquilidade e a paz é uma bênção, depois de uma fase de sofrimento emocional intenso.

As coisas passam a ter outro valor e significado, e um novo ciclo começa com novas aprendizagens, mais valor e prazer.

Por maior que seja a dor, não te percas da tua essência e continua a trabalhar em ti, com práticas diárias de autocuidado, para te fortaleceres e ajudar a robustecer cada vez mais, e para manteres ativos o amor, a paz e a alegria no teu coração.

Escuta as mensagens da dor e compreende o que estão a transmitir-te.

Acreditar que tudo tem um propósito e ter fé como âncora é fundamental no processo de superação do sofrimento emocional e no resgate do prazer pela vida.

Só assim é possível compreender e aguentar tamanha dor e seguir em frente com esperança no coração.

Somos UM e por isso quando entregamos amor recebemos amor. E amor é a palavra-chave, pois este é o diamante da cura.

# AMOR, A CHAVE PARA A CURA

Imagina como seria se todos estivéssemos verdadeiramente na vibração do amor e fôssemos uma fonte de positividade, alegria e expansão para nós e para aqueles com quem interagimos.

O amor é frequentemente considerado uma chave para a cura, pois desempenha um papel poderoso na recuperação física, mental, emocional, energética e espiritual. Toda a dor pode e precisa de ser curada através do amor.

Quando nos autocuidamos entramos no caminho do amor-próprio, que é essencial para podermos dar amor ao outro. Só és capaz de entregar aquilo que tens.

Aqui estão algumas formas pelas quais o amor pode ser uma chave para a cura:

1. **Amor-próprio** Cultivares o amor-próprio é essencial para a cura. Ao te amares e valorizares estás a estabelecer uma base sólida para o autocuidado e a autocura. O amor-próprio envolve aceitares-te incondicionalmente, reconheceres as necessidades reais de cada um e tratares-te com gentileza e compaixão.

2. **Amor dos outros** O apoio e o amor das pessoas ao nosso redor podem ter um impacto significativo na tua cura. O amor e o apoio de amigos, familiares, parceiros e comunidade podem fornecer um sentimento de pertença, conforto e apoio emocional durante o processo de cura.

3. **Amor como energia de cura** O amor é uma energia poderosa que pode ser direcionada para a cura. Ao enviares amor e intenções positivas para ti mesmo/a e para os outros, podes estar a ajudar a promover a cura física e emocional. Práticas como a visualização amorosa, a meditação do amor e a prática de enviar amor e cura para outras pessoas podem ser benéficas nesse sentido.

4. **Amor como conexão espiritual** Muitas tradições espirituais enfatizam o amor como uma força transcendental e curativa. Cultivares uma conexão com o amor divino, seja através da religião, da espiritualidade ou da conexão com a natureza, pode te trazer conforto, esperança e um sentimento de propósito para a tua cura.

5. **Amor como perdão** O perdão é uma expressão de amor, tanto para ti como para os outros. Perdoares e seres perdoado/a pode libertar o peso emocional e permitir que a tua cura ocorra. O perdão não significa necessariamente esquecer ou justificar ações prejudiciais, mas sim libertares a carga emocional associada a elas.

6. **Amor como ato de serviço** O amor pode ser expressado através de atos de serviço aos outros. Ao ajudares e apoiares os outros podes experimentar uma sensação de conexão, propósito e gratidão, o que pode contribuir para a tua própria cura.

É importante lembrar que o amor não é uma solução mágica para todos os problemas e doenças, mas é uma força motriz e poderosa para a cura, bem como na promoção do bem-estar.

Cada pessoa terá a sua própria experiência e entendimento sobre o amor, portanto é importante explorar o que o amor significa para ti e como podes incorporá-lo no teu processo de cura.

O amor tem um poderoso impacto na saúde mental, emocional e até mesmo física. Embora não seja uma cura direta para todas as doenças físicas, o amor desempenha um papel significativo na promoção da cura e do bem-estar geral.

Cultivares relacionamentos amorosos e nutrires o amor por ti pode ter um impacto positivo na tua vida. No entanto, é importante lembrar que o amor não substitui o tratamento médico adequado e é sempre recomendado procurar orientação profissional para questões de saúde.

Na medida em que contribuis para o bem-estar dos outros, para aliviar o seu sofrimento e trazeres alegria aos seus corações, também estás a fortalecer a conexão com a tua alma.

Quando acrescentas ao outro acrescentas a ti, quando retiras ao outro retiras a ti.

Enquanto as pessoas não tomarem consciência e compreenderem este mecanismo simbiótico, não sabem o quanto estão a perder. Por exemplo, estão a perder oportunidades de crescer, evoluir, transformar e voltar a ter prazer e alegria na vida.

Nutrires o amor por ti e pelos outros é a chave da prosperidade e da abundância, essenciais para resgatares a leveza e a harmonia na tua vida.

Compreendo que não podes voltar atrás e fazer um novo começo, mas podes recomeçar e construir um novo final!

# UMA NOVA JORNADA AGUARDA POR TI

*Agora que já tive a oportunidade de, através deste livro, levar-te a compreender melhor o fenómeno da dor, quais são os próximos passos que podes dar?*

Este livro não tem de ser o fim de uma jornada, mas pode ser o início de um novo caminho de autodesenvolvimento e de superação.

Depois desta viagem conjunta, em que partilhei reflexões, exercícios práticos e sugestões, desafio-te a colocares em prática tudo aquilo que partilhei genuinamente contigo.

É importante que cuides de ti, para poderes cuidar com qualidade.

Por vezes, as pessoas não conseguem olhar para a dor e precisam de ajuda. Se ainda continuas neste estado, ou estás com algum desconforto, podes e deves pedir apoio especializado ou incentivar as pessoas de quem cuidas a fazê-lo.

Desejo que tenhas apreciado cada momento desta viagem e tenhas tomado nota de todos os *insights* e daquilo que sentiste durante a leitura deste livro.

# RECURSOS

*Cuida do teu corpo, da tua mente e da tua alma com amor
e verás a Magia acontecer!*

# Práticas de Autocuidado Naturais e Ancestrais

**Prática 1#** Técnica de Libertação Emocional EFT *(Emotional Freedom Techniques)*

**Passos básicos da EFT:**

**1.**º Identifica uma emoção ou problema específico que desejas abordar. Pode ser uma emoção contrativa, um evento traumático ou uma crença limitante.

**2.**º Mede a intensidade dessa emoção ou problema numa escala de 0 a 10, em que 0 é nenhuma intensidade e 10 é a intensidade máxima.

**3.**º Toca ou bate suavemente em pontos de acupuntura específicos no corpo, enquanto te concentras na emoção ou problema que desejas libertar. Os pontos de acupuntura incluem a parte superior da cabeça, sob os olhos, no osso da bochecha, abaixo do nariz, abaixo dos lábios, no osso da clavícula e sob os braços.

**4.**º Enquanto tocas nesses pontos, repete uma frase ou afirmação que descreva o problema ou a emoção que desejas libertar. Por exemplo, *«Mesmo que eu sinta essa ansiedade, eu amo-me e aceito-me profunda e completamente».*

**5.**º Repete esse processo de *tapping* várias vezes, enquanto te concentras na emoção ou problema. À medida que fazes isso podes notar que a intensidade da emoção diminui gradualmente.

**6.**º Após algumas rodadas de *tapping,* pára e reavalia a intensidade da emoção ou problema na escala de 0 a 10.

Continua repetindo o processo até que a intensidade seja reduzida a um nível confortável. A *EFT* pode ser uma técnica poderosa, mas é recomendado procurar orientação de profissionais qualificados para aprender a aplicá-la corretamente. Eles podem ajudar a adaptar a técnica às tuas necessidades individuais e fornecer um apoio adequado durante todo o processo.

---

***Prática 2#*** <u>Mantra para libertar os vícios invisíveis da mente</u> *(repetir três vezes sempre que necessário)*

*«Ao menor sinal de vício de stresse, de reclamar,*
*de criticar, de me diminuir,*
*é minha inteira responsabilidade*
*alterar isso em mim,*
*ativando o vício da autobondade,*
*do perdão e da gratidão.»*

---

***Prática 3#*** <u>Rir: movimento de libertação e cura</u>

Rir é uma das melhores TERAPIAS para a ALMA. Assim, rodeia-te de pessoas que te acrescentam e que dão muitas gargalhadas, daquelas de fazer doer a barriga.

Quando foi a última vez que riste assim?

Deixo-te esta sugestão para rires: veres programas ou filmes cómicos.

Se não conseguires rir, pode ser um SINAL DE ALERTA ou um SINTOMA DO TEU SISTEMA EMOCIONAL.

*Bora lá rir MUITO!*

---

***Prática 4#*** <u>Infusões de plantas que curam</u>
Uma infusão curativa é uma mistura de plantas que promove o equilíbrio e a harmonia. Permite restaurar o campo energético e o bom funcionamento do organismo espiritual humano e, consequentemente, do corpo físico. Através das plantas poderás ter uma experiência mágica de cura e conexão.

Plantas para fazer INFUSÕES PARA A ALMA:

- Lavanda
- Alecrim
- Laranja

*Bebe a tua infusão em modo Mindful!*

***Prática 5#*** <u>Limpar e energizar</u>
Quando pretendes uma resposta para algo, faz o seguinte exercício: fecha os olhos, coloca-te numa posição confortável, com a coluna direita e o queixo para dentro, e após realizares seis respirações profundas e lentas:

**1.º** Limpa os teus medos, receios, pensamentos tóxicos a cada expiração - visualiza a libertação dos pensamentos tóxicos e das emoções contrativas com a ajuda do ar libertado.

**2.º** Depois sente a leveza no teu coração, sente a tranquilidade e relaxamento que vais conseguindo e confia.

**3.º** Agora visualiza o teu coração a encher com a energia do amor e o conforto que isso traz.

**4.º** Mentalmente coloca uma questão e escuta a tua voz interna e a tua resposta com a alma e regista num papel a primeira coisa que surgiu na tua mente (recorrendo ao coração e não ao racional).

**5.º** Abre os olhos e faz 3 respirações profundas.

Termina o exercício escrevendo deixando fluir a escrita, de forma automática, sem pensares muito.

*Vais ficar surpreendido/a com o resultado.*

# Meditações Guiadas — por Andreia Magina

***Meditação guiada de autocuidado 1#*** <u>Aumenta a tua autoestima e o poder pessoal.</u>

Utiliza o teu telemóvel para ler o *QR Code* e teres acesso à meditação guiada (podes descarregar a *app* gratuita no teu telemóvel).

Podes fazer esta meditação com um óleo essencial que te permita relaxar, como por exemplo óleo essencial de lavanda ou óleo essencial de bergamota.

***Meditação guiada de autocuidado 2#*** <u>Cura das dores emocionais e ancestrais</u>
Utiliza o teu telemóvel para captar o código deste *QR Code* (podes descarregar a *app* gratuita no teu telemóvel).

Podes fazer esta meditação com um óleo essencial que te permita relaxar e ativar a cura das feridas emocionais, como por exemplo óleo essencial de cedro ou óleo essencial de bergamota.

# Questionário — Mapear a Dor Emocional

Utiliza o teu telemóvel para ler o *QR Code* e teres acesso ao questionário *online* (podes descarregar a *app* gratuita no teu telemóvel).

# Livros que me Inspiram


- AGULHA, R.; FONSECA, F. — **Construir a minha casa emocional: guia prático**. Barcarena : Manuscrito, 2021. ISBN 9789898975881.

- BATALHA, LMC — **Avaliação da Dor**. (Manual de estudo — versão 1). Coimbra : ESEnfC, 2016.

- BOURBEAU, Lise — **Quem és tu? Saber escutar o corpo e a alma**. Pergaminho, 2019. ISBN: 9789896875695.

- CAMPIGLIA, Helena — **Psique e medicina tradicional chinesa**. 3.ª ed. Ícone Editora, 2018. ISBN: 9788527418386.

- CARVALHO, Paulo — **As oito dádivas eternas da vida**. Vogais & Companhia, 2010. ISBN: 9789896680749

- CHOPRA, Deepak — **As sete leis espirituais do sucesso**. Lisboa : Editorial Presença, 2020.

- DIRECÇÃO-GERAL DA SAÚDE — **Plano Nacional de Luta Contra a Dor**. Lisboa : DGS, 2001. ISBN 9729425957.

- FREIRE, N. — **Método emocional**. Alfragide : Estrela Polar, 2011. ISBN: 9789898206567.

- GUSTAFSON, Christine; REN, Zhuoling; MACEOIN, Beth; KIEFER, David — **Guia prático de medicina alternativa: alívio da dor**. Nascente, 2017. ISBN 9789898855824.

- HAWKINS, David. R. — **Poder versus força: uma anatomia da consciência humana**. Alma dos Livros, 2019. ISBN 9789898907707.

- HAY, Louise L. — **Pode curar a sua vida**. Pergaminho, 2013. ISBN 978972711.

- HELLINGER, Bert — **As leis da cura: estar bem e continuar bem**. Marcador, 2020. ISBN: 9789897544323.

- HENRIQUES, Maria Gorjão — **O despertar da consciência com constelações familiares**. Albatroz, 2023. ISBN: 9789897392122.

- JONES, Lisa — **Cura o teu corpo e as tuas emoções: desintoxica e nutre a energia nos teus órgãos vitais**. 5.ª ed. Barcarena : Manuscrito, 2020. ISBN 9789898975348.

- NELSON, Bradley — **O código da emoção**. 2.ª ed. Lua de Papel, 2023. ISBN: 9789892348001.

- ORDEM DOS ENFERMEIROS — **Dor: Guia orientador de boa prática**. 2008. ISBN: 9789729964695.

- POTTER, Nick — **O significado da dor: como acabar com o stresse, a ansiedade e a dor e alcançar o bem-estar**. Março de 2023. ISBN 9789897870118 (versão digital).

- RIBEIRO, Ana Leonor Alves — **A pessoa com dor crónica: um modelo de acompanhamento de enfermagem**. Universidade Católica, setembro de 2013. Tese de doutoramento.

- SOLNADO, Alexandra — **O livro do amor**. Pergaminho, 2022. ISBN 9789896877279.

- TOLLE, Eckhart — **O poder do agora: guia para o crescimento espiritual**. Pergaminho, 2001.

- WALLACE, Lima — **O poder da autocura: a física quântica pode ajudá-lo a ter uma vida sem doenças e com saúde**. São Paulo, 2021. ISBN 978657755440737.

- WOLYNN, Mark — **Essa dor não é tua: como identificar e resolver traumas familiares**. Albatroz, 2023. ISBN: 9789897392207.

# AGRADECIMENTOS

Agradeço a Deus por me guiar.

À minha família que amo muito, especialmente pais, marido e filhos, que me apoiam incondicionalmente.

Ao César Ferreira, pelo contributo como mentor de autor, que me guiou com toda a sua sabedoria no «parto» deste livro, com uma entrega genuína, com alma e humildade.

Aos meus *beta readers* Raquel Vida, Vanda Roberto, Inês Marques, Anabela Dinis, Maria da Conceição Costa, Ana Kapapelo e Marta Vidal, por me acrescentarem com as suas partilhas.

A todas as pessoas que que têm feito parte da minha jornada e que me desafiam, sendo autênticos mestres no meu processo de metamorfose.

Aos meus leitores que tiveram a coragem de olhar para as suas dores através deste livro.

Gratidão, pelas oportunidades incríveis de aprendizagem e evolução que me têm permitido estar cada vez mais alinhada com a minha missão d'Alma, para que este livro semeie a esperança, a harmonia e o amor nos corações de cada leitor.

# TESTEMUNHOS
# DE ALMA PARA ALMA

Este livro vem colmatar uma necessidade de abertura à realidade urgente de cuidar da saúde mental. De parar, escutar, ver, desacelerar e de cuidar. É um livro de fácil leitura, muito completo, urgente, fundamental e necessário. Olhar para a dor e cuidar da saúde mental é vital. Cuidar, escutar o corpo e a mente é muito importante e deve ser uma constante na vida nos dias de hoje. Grata por este livro incrível, que é uma pérola para todos os cuidadores e para todos os que desejam cuidar-se ainda melhor.

**Raquel Vida**
Mentora | Terapeuta holística I Escritora


Adorei este livro. *Mais Leveza, Menos Dor* transmite de forma clara e de fácil compreensão o mundo da dor e a melhor forma de lidar com ela. Com exercícios práticos e simples de se executarem. A Andreia é simplesmente fantástica a ensinar a lidar com a dor, além de nos transmitir leveza, calma e tranquilidade ímpares.

**Vanda Roberto**
Mentora de superação I Empoderadora feminina

Quando estamos num processo de dor e encontramos um livro que nos guie, que nos faça perceber de forma clara o fenómeno da dor e nos ajude a aceitar e a libertar essa carga que nos traz sofrimento, isso é libertador. A Andreia escreve-nos sobre a dor com leveza e entrega-nos exercícios práticos e meditações guiadas que nos ajudam a libertar do sofrimento causado pela dor. O livro *Mais Leveza, Menos Dor* é um convite à compreensão da dor, à libertação do sofrimento e a vivermos em amor e harmonia.

**Inês Marques**
Educadora | *Coach* parental

Ao terminar a leitura deste livro pensei em mim, em ti e em alguém que conheces que necessite de mais leveza e mais amor na sua vida. É uma obra genuína, baseada numa experiência pessoal e profissional que contém uma mensagem de esperança. Apresenta uma gama de exercícios/soluções possíveis para vivenciares as emoções na tua vida com brilho, leveza, conexão contigo e com os outros. Ao deixares conduzir-te pela autora encontrarás «nós» que se desfazem, e com base nas ferramentas sugeridas abraçarás o teu novo caminho com esperança. Abraça a tua alma. Liberta a dor, abraça-te com amor para que tenhas uma vida leve, prodigiosa e feliz. Boa leitura!

**Anabela Dinis**
Enfermeira Especialista em Saúde Infantil e Pediatria
Biblioterapeuta | Autora

A leitura desta obra conduz-nos numa jornada de tomada de consciência do que é a dor. Introduzindo o seu significado mais profundo, aquele que mais nos escapa por se encontrar muitas vezes ao nível do inconsciente, e fornecendo pistas, sugestões e ferramentas para desbravar o caminho até à nossa essência, onde todas as respostas se encontram. A autora ajuda-nos a dar os passos necessários, numa jornada sistémica e integrativa de superação do trauma e da transmutação da dor. Ressignificando os eventos que a provocam, num caminho em que o amor, a aceitação e a fé são algumas das «peças» fundamentais no restabelecimento da saúde holística, num caminho que podemos optar por fazer sozinhos ou com ajuda profissional, tomamos assim consciência de que a dor é inevitável, mas o que fazemos dela é sempre uma opção.

**Maria da Conceição Costa**
Psicóloga I *Coach* espiritual
Facilitadora transpessoal de círculos de mulheres

Falar da dor não é fácil. Mas evitá-la traz-nos consequências ainda mais difíceis. A Andreia, com as suas experiência profissional e vivência pessoal, aborda as várias facetas da dor para nos ajudar a sermos mais saudáveis. Seja feliz!

**Marta Vidal**
Autora

*Mais Leveza, Menos Dor*. Nada acontece por acaso e este livro é a prova viva disso mesmo. Esta é uma obra repleta de sentimentos e emoções que nos levam ao encontro da nossa essência. A autora consegue apresentar-nos uma perspetiva completamente diferente da dor, onde, através de técnicas e exercícios práticos, nos ajuda a libertar daquilo que realmente nos causa desconforto e sofrimento, tendo sempre em conta o nosso ritmo e as nossas dores.

A dor alavanca a força interior que está escondida dentro de nós, é difícil de aceitar, mas é um dos nossos maiores aliados.

Este livro vem ao encontro desta ideia, e acredito que possa fazer a diferença na vida de muitas pessoas, como tem feito na minha.

Obrigada, minha querida Andreia, pela qualidade, aprendizado e transparência desta obra.

**Ana Kapapelo**
Cuidadora informal

# SOBRE A AUTORA

Atualmente apresento-me como enfermeira d'alma, terapeuta integrativa e mentora emocional, já que a minha missão é ajudar pessoas que querem compreender melhor o fenómeno da dor e aprender a libertar o sofrimento emocional, trazendo mais leveza e alegria à sua vida.

A minha missão é facilitar um caminho de libertação do sofrimento emocional, capacitando quem procura a minha ajuda para utilizar ferramentas naturais e ancestrais de autocuidado integrativo, para que as pessoas possam desfrutar da vida, de forma mais consciente, tranquila, com leveza e alegria.

Nasci em Ovar a 23 de julho de 1976, sou enfermeira há mais de 26 anos e já ajudei várias pessoas no processo de libertação do sofrimento emocional.

Licenciada em Enfermagem desde 1997, especializando-me em 2011 em Saúde Mental e Psiquiátrica e licenciada em Ciências da Educação desde 2005, muito cedo comecei a investir em formação nas terapias integrativas e complementares, acabando por fazer em 2018 uma pós-graduação em terapias integrativas e complementares no tratamento da dor.

A par deste percurso formativo realizei formação certificada como terapeuta sistémica do ambiente pelo Instituto da Alma; aromaterapeuta integrativa pelo Instituto Ekanta, do Brasil; terapeuta prânica pelo Institute for Inner Studies do método Choa Kok Sui; terapeuta em reprocessamento generativo pelo Instituto Brasileiro de Formação de Terapeutas; mentora de alto impacto e *coach* emocional.

Com mais de 26 anos de experiência, dividida entre os cuidados em contexto hospitalar (1997-2007) e cuidados de saúde primários (de 2007 até hoje), lidar com a dor emocional tem sido uma constante, intensificando-se nos últimos anos especialmente durante o pós-pandemia.

Sou apaixonada pelo desenvolvimento humano e pela missão dos cuidados integrativos.

Com base na experiência pessoal de lidar com a dor emocional, e recorrendo a todo o conhecimento adquirido na área da dor, desenvolvi o Método LEVITUS, cujo objetivo é apoiar as pessoas no processo de libertação do sofrimento emocional causado pela dor, trazendo consciência, clareza, ação e transformação através do ensino de práticas naturais e ancestrais de autocuidado integrativo e consciente.

Entretanto, e com o objetivo de a minha mensagem chegar a um maior número de pessoas, criei um canal de Youtube pessoal e uma conta profissional no Instagram, através do qual abordo sem tabus temáticas na área da dor e da saúde integrativa.

É uma missão que resultou da ligação da alma com o coração e que surgiu como uma força maior, associada a um propósito de vida.

Acredito que cada pessoa tem todo o potencial para alcançar a sua melhor versão e para se libertar das amarras da dor emocional.

No meu processo de escrita colaborei com jornais regionais e revistas em mais de 50 artigos na área da saúde, nomeadamente na área da saúde mental, no jornal das Caldas da Rainha *A Gazeta*, no jornal de *Válega*, no jornal *O Regional*, no jornal *Correio de Azeméis*, no jornal *online Atlas da Saúde*, bem como na revista da Secção Regional do Centro da Ordem dos Enfermeiros para o cidadão, que saía como suplemento mensal no *Jornal de Notícias*.

A vida trouxe-me desafios e situações que também me fizeram passar por estados de profunda dor emocional, que consegui superar alcançando um estado de leveza e harmonia, e, se eu consegui ultrapassar esses desafios, acredito que qualquer um o pode alcançar.

Durante a pandemia (e este foi um momento de imensa introspeção) decidi avançar para um projeto *on-line* relacionado com a dor emocional.

Também sou mãe de dois adolescentes, com quem aprendo muito e que me fazem sentir que viver vale muito a pena.

Chegou o momento na minha vida de realizar mais um sonho, que está relacionado com este livro, e com isso também transmitir aos meus filhos um legado de que tudo é possível quando acreditamos e queremos muito.

Com este livro desejo deixar uma mensagem de esperança e força, contribuindo para que as pessoas possam fazer um caminho mais leve com as suas dores, nutrindo-se pelo autocuidado integrativo, com leveza e amor.

# FALA COMIGO DE ALMA PARA ALMA

Enfermeira Especialista em saúde mental e psiquiátrica I
Terapeuta integrativa I Mentora emocional I *Coach* I
Formadora I Escritora

**Dá voz à tua alma e fala comigo:** contacta-me pelas redes sociais ou deixa-me um *e-mail*. Adoraria ter notícias tuas e saber a
tua opinião sobre este livro.

**Contacto:**
 andreia.enfermeiradalma@gmail.com

**Queres aprender mais sobre como superar a dor? Então segue-me
por aqui!**

Youtube: https://www.youtube.com/@AndreiaMagina

Facebook: https://www.facebook.com/enfermeiradalma

Instagram: https://www.instagram.com/andreia_magina/

Site: https://www.andreiamagina.com

# MENSAGEM FINAL

*Tu não tens de viver da forma que vives.*
*Não tens de viver com esse*
*sofrimento emocional constante,*
*insegurança, medo, solidão, dor.*
*Não tens de viver como se a dor*
*fosse algo normal na tua vida.*
*Tu podes viver de um modo diferente,*
*basta quereres e fazeres essa escolha.*
*Escolhe-te, escolhe libertar-te da dor.*
*Escolhe trazer alegria para a tua vida.*
*Escolhe trazer segurança e poder.*
*Escolhe trazer plenitude.*
*Escolhe viver de coração cheio.*
*Sim, as recordações e os desafios*
*vão continuar a existir.*
*Ainda assim, tu podes escolher*
*a forma como lidas com a dor*
*e o impacto que ela tem na tua vida.*
*Escolhes ser derrotado/a pela dor ou escolhes aprender a lidar*
*com ela e a transformar a dor em força?*
*Recorda-te, a primeira grande mudança acontece dentro de ti!*
*Escolhe fazer as mudanças necessárias e compromete-te contigo.*
*Vive de acordo com aquilo que a tua alma clama.*
*Coloca a tua mente ao serviço do teu coração e, assim, permite-te manifestar essa*
*mudança na tua vida.*
*Olha-te ao espelho, respira fundo, sorri para essa pessoa maravilhosa que és*
*e afirma: «Eu escolho mudar!»*

Andreia Magina I Enfermeira d'Alma